MARINS
MAKUNG
將士們！

MARINS
MAKUNG
1885年
公的法國海軍
將士們！

1861—1949

之史實不等於事實

被混淆的臺灣史

駱芬美／著

1861
1862
1878
1880
1894
1896
1914
1915
1925
1949

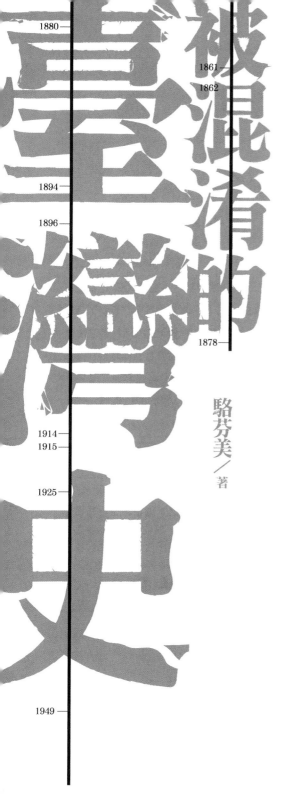

推薦序

驀然回首

宋光宇（佛光大學生命與宗教學系教授）

王國維在《人間詞話》提到讀書有三種境界。第一種境界是：「昨夜西風凋碧樹，獨上高樓，望盡天涯路。」（晏殊〈蝶戀花〉）意思是說要廣讀各種書籍，增廣自己的見聞。

第二種境界是：「衣帶漸寬終不悔，為伊消得人憔悴。」（柳永〈蝶戀花〉）為了一個專題，全神灌注，上窮碧落下黃泉，竭盡自己所能，把相關的資料找齊。這是研究者必須經歷的第二階段。

然後才到第三種境界：「眾裡尋她千百度，驀然回首，那人卻在燈火闌珊處。」（辛棄疾〈青玉案〉）最後才發現原來要找的答案就在那裡，唾手可得。

駱芬美在做學問這條路上，已經有王國維所說的架勢。她原本研究明史，近年來由於教書的需要，改行碰觸臺灣的歷史，這一系列的書就是她從事有關臺灣歷史的研究報告。讀她的書，就會有第三種境界的感覺。噢，原來是這樣啊！

對於書上的記載，有兩種不同的反應方式。第一種是完全相信，絕不起疑，照單全收。這是一般人的態度。尤其是對教科書上所寫的記載，由於有考試測驗做後盾，只有生吞活剝地背誦，不會也不敢對那些內容起疑心。

教科書是教導我們的孩子「我是誰」、「我們是誰」，因此有它特定的立場。日本人有日本人的立場，中華民國有中華民國的立場，美國有美國的立場，不足為怪。所不同的是，立場和視野是否夠寬、夠大，是否以「人」為立場，還是只為了政治做走狗。當我們讀這些記載時，就要有所分辨。

史家是不為特定目的服務的，所要追尋的就是他心目中的理想。當他的眼界提升之後，就會看到市面上和教科書上的記載與他所知道的有所出入，於是就發揮研究精神，一探究竟，這一類的考古發掘往往有出人意表的成就。眼界愈高，所能觀照的範圍就愈大，能看到的現象就不一樣。

這本書談到中英鴉片戰爭。在英國的紀錄中，稱之為「商業戰爭」(Business War)。真相到底如何？駱芬美站在傳統的立場去責備鴉片的毒害、英國商人的不道德。當我們從世界貿易的角度去看這個問題時，所呈現的畫面就不一樣了。

今天我們常喝的咖啡、茶、酒、糖等，起初都受到各種無情的責難。茶傳到英、法兩國時，就有醫生宣稱喝茶會短命；可是由於英國發生工業革命，用機器代替人工，連帶而來的是工作方式、工作時間、工作場合的改變。只有茶可以讓工人在操作機器時保持清醒，可以應付長時間單調又重複的動作，而且熱水沏茶又大幅降低了痢疾和腹瀉的發生，更降低了嬰兒夭折率，於是英國全國上下都愛上「喝茶」這件事。

在十七、十八、十九世紀時，只有中國生產茶，英國東印度公司必須用白銀來支付，中國商人也只收白銀。到了十九世紀初，英國商人發現中國人很喜歡抽鴉片，於是就透過各種合法和非法的管道輸出鴉片到中國，再加上用錢或其他名貴物品賄賂中國的地方官員，於是鴉片輸入中國的數量逐年增加，終至超過茶葉輸出英國的數量。整個貿易形勢翻轉過來，大清朝廷知道這個情況嚴重。

林則徐、黃爵滋等人的奏摺中，一再強調「將無可用之財」，才是真正的重點。大清朝廷祭出的法寶就是「禁煙」，把東印度公司運來的鴉片全數銷毀。以後要跟中國買茶葉，就拿白銀來支付。英國人嘗到了販賣鴉片煙的甜頭，怎肯就此就範，於是派出兩艘砲艇，把中國水師的二十九艘戰艦全數打沉。強迫中國承認可以合法販售鴉片煙；割讓香港島作為英國人的立足之地，一如葡萄牙人在澳門；並賠償白銀二千一百萬兩，其中六百萬兩是賠償禁鴉片煙的損失。我們一直把焦點放在鴉片煙上，殊不知真正的中英爭執焦點是「國際貿易」，茶與鴉片在中英貿易上的消長。

茶傳到英國，再傳到美國，由於英國要向北美殖民地徵收糖蜜稅的問題，造成波士頓茶黨事件。茶在英國引導出著名的下午茶，在事件中，茶被當成是英國的象徵而被扔進海裡，揭開北美十三州獨立的序幕。在中國，由於茶和鴉片貿易金額的逆轉，中國想要扭轉這個趨勢而有「鴉片戰爭」，中國不幸戰敗了，喚起民眾的覺醒，經過一連串的變革，大清王朝在七十年後覆滅。大清王朝的覆滅和美國的獨立建國，都與茶葉有密切的關係。茶，真的是神奇的東西，你我都不了解它的神奇性。

寫到這裡，方才覺得「眾裡尋她千百度，驀然回首，那人卻在燈火闌珊處」。由於這樣的說法在國內是獨樹一幟，因此更有「獨上高樓，望盡天涯路」的孤獨感。

值此出版之際，應駱芬美的要求，寫一些讀後感，是以為序。

癸巳年冬至 於南港筆耕田書房

推薦序

歷史是誤解、混淆，再詮解

翁佳音（中央研究院臺灣史研究所教授）

繼《被誤解的臺灣史》一書暢銷後，我們的作者又端出一道好菜：《被混淆的臺灣史》，這回是講十九世紀六〇年代到上個世紀之日本時代，菜色從社會層面的衛生狀態、審美價值與時間觀，在這將近百年來的變化底蘊；進一步，還包括南北部政經地理之興替，臺灣、日本與中國之間一世紀的微妙關係。

這些歷史菜餚，別家餐館料理店不是沒在賣，我們的主廚駱師傅卻與前書相同，一貫叮嚀食客留心盤中飧的原色原味，不要被流行的色香味所迷惑。我大致同意她的手法與理路。本書一開頭便顛覆流行的想像，「美麗島」臺灣圖像，居然有如包裝宣傳後的食品，本質總有些「假」（據說是二〇一三年我們政治社會的代表字）。臺灣長期以來曾是瘴癘之地，文獻也如此支持。十七世紀，歐洲人說，只有臺南的臺灣城（熱蘭遮城）才屬健康場所；十九世紀末，德國人里斯(Ludwig Riess)的《臺灣島史》還說人在臺灣住久了，眼睛會凹陷。

開胃菜奇特，接下來的幾道菜，都值得一再品嘗。作為一個老饕，我也該說三道四一下。例如：講醫生、醫師，不少人習以為常，頭銜差不多；但你稍加注意，現時中醫的醫療人員很喜歡冠稱「中醫師」，但在日本時代，醫師是現代西方醫學院或專門學校畢業的人，才夠格擁有的職稱。現在，有些比較講究的醫院主治醫師不喜歡人家叫他醫生，原來是有典故的。此外，像日本時代臺灣人時間的改變，多少也造成包括我在內時代人的奇特感；交通工具延誤抵達，國語說「誤點」，臺語卻講成「慢分」，臺灣人的分秒必爭習性，居然也有理由。

當然，我對駱師傅在澄清混淆的作業中，也不是沒意見。例如：鴉片是不是從荷蘭人開始帶進，依然有疑問；其他問題，從略。不過，這沒關係，歷史的生成，本來就是要誤解、混淆，不斷有Chaos and Logos（混亂・混淆與再秩序・敘述）的進展。如四季，也如生老病死，永續無終結。我現在還相信王爾德 (Oscar Wilde) 所說的：

The one duty we owe to history is to rewrite it.（我們對歷史的責任之一就是對它重新加以詮解。）

讀者若有這樣的感覺，一定會津津有味，進而與本書作者一起分享臺灣的知識探險之旅。爰以如此數言，聊作聲應推介。

推薦序

本以為自己都知道

駱芳美（美國堤芬 (Tiffin) 大學犯罪防治與社會科學學院副教授）

土生土長於臺灣，本以為對這塊土地應該多所瞭解，讀了雙胞胎姐姐所著的《被混淆的臺灣史》後，才發現自己所知相當有限。不得不同意美國人常說的一句話：「其實我們不知道自己還有多少不知道的事。」(We don't know how much we don't know.)

在〈福爾摩沙與瘴癘之地〉單元中提到，早期臺灣衛生環境欠佳，居民生病不找醫生卻找神明，這到底是怎麼回事呢？而在這種醫生地位不高的時代，西方傳教士試圖以醫療為媒介來傳播基督教信仰。因著他們的努力，當時撒下的種子至今仍是臺灣社會重要的醫療資源。

日本統治臺灣時，開始鼓勵社會菁英就讀醫學校，家父就是其一。他赴日就讀醫科大學，畢業後返鄉開設診所，常需要到病人家「往診」（臺語發音），不管早晚、颳風下雨或窮鄉僻壤，以醫治病人為己任。儘管醫師工作極為辛苦，但臺灣人仍把醫師一職當作職業生涯的最佳選擇，醫學院考試競爭之激烈一直居高不下。

臺灣人對當醫生一直情有獨鍾嗎？「醫生」和「醫師」有何區別呢？臺灣醫療系統又是如何發展的呢？您好奇嗎？〈臺灣的醫生〉可帶您用歷史的顯微鏡去理解此業在臺灣的來龍去脈。

我們的爸媽都受日本教育，習慣用日語溝通，常帶我們吃日本料理，而家裡的客廳更擺滿日本朋友送的小飾品。在這樣的環境長大，自然對「臺灣怎麼會變成日本的一部分」有所好奇，還好歷史課本給了答案：「甲午戰爭中國戰敗，《馬關條約》中把臺灣割讓給日本。」熟記這樣的歷史陳述，考試時準得分。但「為什麼要割讓臺灣，而不是其他地方呢？」「日本當初是被動地接受了這塊土地，或是主動地爭取這塊土地呢？」讀讀〈近代日本何時開始覬覦臺灣？〉答案就可分曉。

我和姐姐從小留長髮，直到上國中前一天不得不剪髮，由兩位美容師同時執剪刀，一會兒工夫長髮落地揮別童年。就像十二年的歲月，長髮是我們的標記一樣，臺灣男人從滿清以後兩百多年間，後腦勺的那根辮子是必要的裝扮，少了長辮子，長袍失去原有的飄逸感，較能搭配短髮的中山裝或西裝才流行了起來。

同時女人也受到時代改變的影響。記得小時候去探望曾祖母，看到她穿著黑衣、裹著小腳的打扮，相當好奇，直問：「她的腳怎麼那麼小？」母親解釋說在她們那個時代，裹小腳是美麗的象徵。那到底在什麼情況下，臺灣女人對美的定義被掉包了？當小腳不再被稱為美麗，而裹著小腳的這些人要如何自處呢？

當辮子或裹小腳已是約定成俗的風氣後，又要被迫否定它是瀟灑或美麗的指標，這些人必須在自我認同上重新定位，難免會產生心理學所說「認知失調」的不自在感。剪過辮子的姐姐就以同理心去剖析那時代的男女在面對自我認同與審美觀上重新定位時的心路歷程。

高中時我們姐妹倆住宿在外，少了父母在旁叮嚀，又常趕夜車，隔天起晚了趕搭計程車上學還是遲到，免不了抱怨：「是誰發明了時間？」「為什麼要分秒計較呢？」從小謹記「一寸光陰一寸金，寸金難買寸光陰」的訓示，長大了天天和時間打仗——趕車子、飛機、上班、約會，工作也常是以時間計薪。分秒必爭的日子讓大家焦慮異常，「不用上班或上課，能夠睡到自然醒」被公認是最幸福的指標，「不用再忙著跟時間賽跑」也成了考慮退休的理由。

臺灣人的祖先多數務農，日出而作，日入而息，多逍遙自在。不過也因為時間觀念的引進，讓臺灣能和世界同步，和國際對話。「到底什麼時候我們認識了『時間』這個觀念？」讀過古文的人肯定說是漢人的影響，不是嗎？唐代的王貞白寫了：「讀書不覺已春深，一寸光陰一寸金。不是道人來引笑，周情孔思正追尋。」《三寶太監下西洋記通俗演義》第十一回也提到：「可嘆一寸光陰一寸金，寸金難買寸光陰。寸金使盡金還在，過去光陰哪裡尋？」但本書作者卻給了不一樣的答案。

探討藥物濫用的問題時，總會聯想到滿清末年吸鴉片而造成朝政腐敗的黑色過往，但讀到〈抽鴉片〉與〈戒鴉片〉發現當時的臺灣也有同樣的問題。日本統治臺灣時，曾矢志要掃清鴉片，卻又設立公賣局來專賣鴉片，為什麼會有這種衝突矛盾的做法呢？臺灣人是怎麼樣走出這段陰霾呢？

想像自己正登上臺北一〇一，鳥瞰今日的繁盛，您知道當初是誰的推波助瀾而讓臺北擁有繁華的風光呢？如果您不確定答案，請翻閱〈臺北如何變成臺灣的政經重心？〉。

至於吳鳳和廖添丁這兩號從小就耳熟能詳的人物，為什麼本書作者認為這兩個老故事還有重新翻案的必要呢？就讓〈吳鳳與廖添丁〉為您揭露事實。

史實會愈陳愈明，想正確地瞭解臺灣的古往今來嗎？鄭重推薦我雙胞胎姐姐的新作《被混淆的臺灣史》。

二〇一三年冬寫於美國俄亥俄州哥倫布市

作者序

病・痛・史

人家說：「事非經過，不知難！」

說、寫歷史時，總是「事後諸葛」地對著古人說三道四。

二〇一三年六月二十四日，我得了一種稱為「肝膿瘍」的病，被迫關在醫院整整一個月。住院期間，因插管引流，加上必須連打四星期的抗生素，這些療程讓向來自許頗能耐痛的我，頻頻地喊著「好痛」！

我終於體會了在早年移墾時期，臺灣先民在醫療不發達的時代，身處「瘴癘之地」，一旦遇上生病有多麼無助，除了依賴神明巫術、草藥神籤，有些人靠檳榔除瘴，也有人將鴉片當成萬靈丹，偏偏鴉片是會上癮的，就這樣一代接一代地往下傳。

歷史課本裡，林則徐的英雄形象讓人覺得抽鴉片是多麼罪大惡極，但臺灣移民祖先僅是把鴉片當「止痛藥」使用，根本不是拿來享樂的，卻也背上了黑名，在日本統治期間成了罪人。所幸臺灣第一個醫學博士杜聰明研發出相關的解藥，才讓臺灣得以從鴉片的糾纏中掙脫。

因著痛，讓我想到女人的小腳。女人向來耐痛力就比男人高，何況為了「美」，更為了能「嫁出去」。但最殘忍的還不是纏著腳的痛，而是當一個女人從被認定為美麗變成了醜陋，甚至變成了怪物。喚不回的青春，變不回的雙腳。纏腳是痛，解纏是痛，更痛的是，隨著時代變遷被扭曲的審美觀，以及被扭曲的自己。

人生總有「生不逢時」的慨嘆！

當男人的頭髮遇到了政治，髮型成了宣示效忠的表現。曾經明鄭時期鄭經堅持不剃髮，到鄭克塽的舉國剃髮投降。二百年過後，當年不想留的髮式成了另一代人的堅持。剪辮子雖沒有肉體的痛楚，卻是被迫成為另一種語言、文字、文化、國籍的表徵。長袍馬褂變成短髮西服，自我形象的毀棄與重新形塑的過程中，掙扎、矛盾，更是煎熬！

亦因當了病人，深刻體會到「醫師」的救命角色。但古代除了醫療科技不發達，醫生的社會地位也不高。臺灣俗諺：「第一賣冰，第二做醫生。」另一句俗諺則說：「讀書不成，相命醫生。」古代科舉至上的觀念，有了功名，行有餘力才來當個「儒醫」；或者考不上科舉，才會考慮當個和算命先生差不多等級的「郎中」。

一八六〇年代開港之後，傳教士帶來了「上帝」、「醫療」加上「教育」。對臺灣人而言，這個能幫人治病的傳教士就是「上帝」，就是「拯救者」！日本統治時，醫師出身的民政長官後藤新平則說：「日本應用對抗人類最大敵人『疾病』的『醫療』來統治。」醫療正是臺灣社會最大的欠缺，也難怪臺灣人對日本統治時期沒有太多惡言。

「吳鳳」這個已在歷史課本消失的一代「義人」，「廖添丁」這個未曾在歷史課本中出現的「義賊」，前者曾讓統治者推崇有加，但在原住民意識崛起後黯然褪色；後者則因挑戰了日本的警察，加上英年早逝，成了小老百姓心目中的「恩公」，是社會景仰的「劫富濟貧」的「義賊」，更是「抗日」的偉大英雄。

日治時期的臺灣，所謂「覆巢之下無完卵」、「大難來時各自飛」，究竟是「時勢造英雄」？還是「時勢造富豪」？變動的時代、差異的價值觀，有人拋棄所有，只想救人濟世；有人把握時機，躋身權貴之列。

從〈日治時期的兩岸關係〉中，看到臺灣總督府對中國的處心積慮，更讓我思索的是臺灣人的自我定位問題。

在本書畫下句點之時，心中有著無比的興奮與激動。

本書除了文字的斟酌探究之外，更堅持「有圖有真相」，除了印證文字資料，更能讓讀者有臨場感並增加閱讀樂趣，我老公蔡坤洲負責拍照與修圖，是本書完成的重要功臣。

本書能完成，更要感謝多位「貴人」——

安徽合肥學院何峰教授安排，王桂云教授等陪同參訪李鴻章、劉銘傳故居，更獲馬騏先生引導解說。

歐正信長老引導踏訪馬雅各牧師走過的路徑，黃永昌先生幫忙釐清清末臺南安平海關的真正所在，蔣朝根先生帶領走訪先賢蔣渭水在臺北大稻埕留下的足跡。

為尋覓黃玉階天然足會的會址普願社，先是臺北大同區戶政事務所趙晏儀小姐幫忙比對老地圖，找到可能位置。大同分局民生西路派出所警員林信男先生帶領拜訪耆老，劉老太太、林正和先生提供資料。並得財團法人至善堂董事長施建仁先生的確認，今「至善堂」就是當年天然足會會場。

柯基生醫師讓我們親睹三寸金蓮文物館館藏並拍照，藝術大學研究生江韋陵也提供協助。

高雄旗津民政課林順發先生、彰化基督教醫院文物館、糖業文化協會黃嘉益先生、劉廣平先生、莊永明先生、翁佳音教授無償讓我使用圖片。博揚文化、南天書局、國立臺灣博物館、國立臺灣歷史博物館等授權提供圖片。

宋光宇教授對全書觀點的賜教與指正，並寫推薦序；以及撰寫推薦文的翁佳音教授，恩師曹永和教授、莊永明先生、孫偉鳴先生、陳鳳馨小姐的推薦，提攜之恩，感激不盡！

雙胞胎妹妹芳美為本書寫序、家父駱雲從、家兄駱至誠、婆婆蔡許可等親朋好友的支持。銘傳大學共同科召集人陳德昭院長、通識中心楊錦潭主任、鐘慧真祕書、學妹兼同事的康才媛教授，及各位同事們的鼓勵！

李采洪總編、顏少鵬主編、邱憶伶資深編輯、張育瑄企劃等，對本書的催生及推動！

最後則要謝謝翻閱本書的讀者們，期望本書能帶給您們愉快的閱讀經驗！

感謝上帝！更祈求上帝賜福臺灣！

二〇一三年十二月十五日於臺北

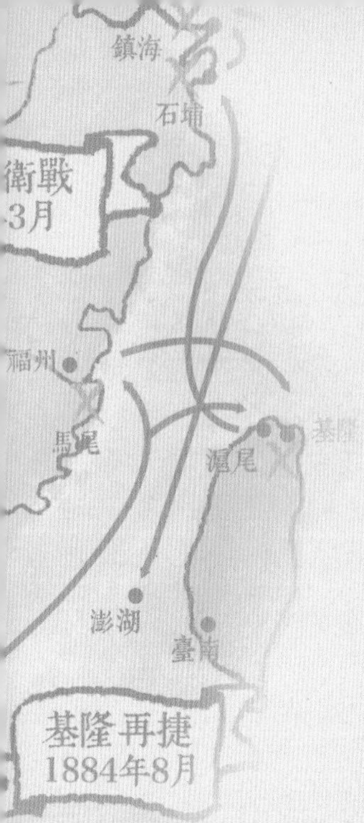

目錄

推薦序——2
驀然回首　宋光宇

推薦序——6
歷史是誤解、混淆，再詮解　翁佳音

推薦序——8
本以為自己都知道　駱芳美

作者序——12
病・痛・史

1 福爾摩沙與瘴癘之地——20
你以為：臺灣是美麗之島
事實是：漢人和日本人都曾將臺灣視為「瘴癘之地」

2 抽鴉片——42
你以為：滿清末年，只有中國有抽鴉片問題
事實是：當時臺灣抽鴉片的情況不亞於中國

3 近代日本何時開始覬覦臺灣？——67

你以為：一八九五年中日簽訂《馬關條約》才把臺灣割讓給日本
事實是：在此之前，日本人已覬覦臺灣二十一年

4 臺北如何變成臺灣的政經重心？——94

你以為：臺北一直是臺灣的政治及經濟中心
事實是：原本臺南才是政經中心，是劉銘傳改變了臺北的命運

5 臺灣的醫生——126

你以為：醫生就是醫師
事實是：日本統治時代，漢醫及西方洋醫是「醫生」，醫學校畢業者才是「醫師」

6 吳鳳與廖添丁——153

你以為：吳鳳是捨生取義的英雄，廖添丁是劫富濟貧的抗日志士
事實是：吳鳳是日本人為教化來臺官員刻意形塑的典範，廖添丁抗日形象則是意外形成的

目錄

7 臺灣人的時間觀——177
你以為：漢人移民將「一寸光陰一寸金」的觀念帶進臺灣
事實是：日本統治後，臺灣人才開始有時間觀念

8 放小腳——195
你以為：日本人禁止臺灣女性裹小腳
事實是：西方攝影機及X光機科技破除了臺灣人對裹小腳的美感迷思

9 剪辮子——225
你以為：日本統治臺灣之後，強制男性剪掉辮子
事實是：日治初期不敢強迫剪辮子，辛亥革命成功後才順勢推動

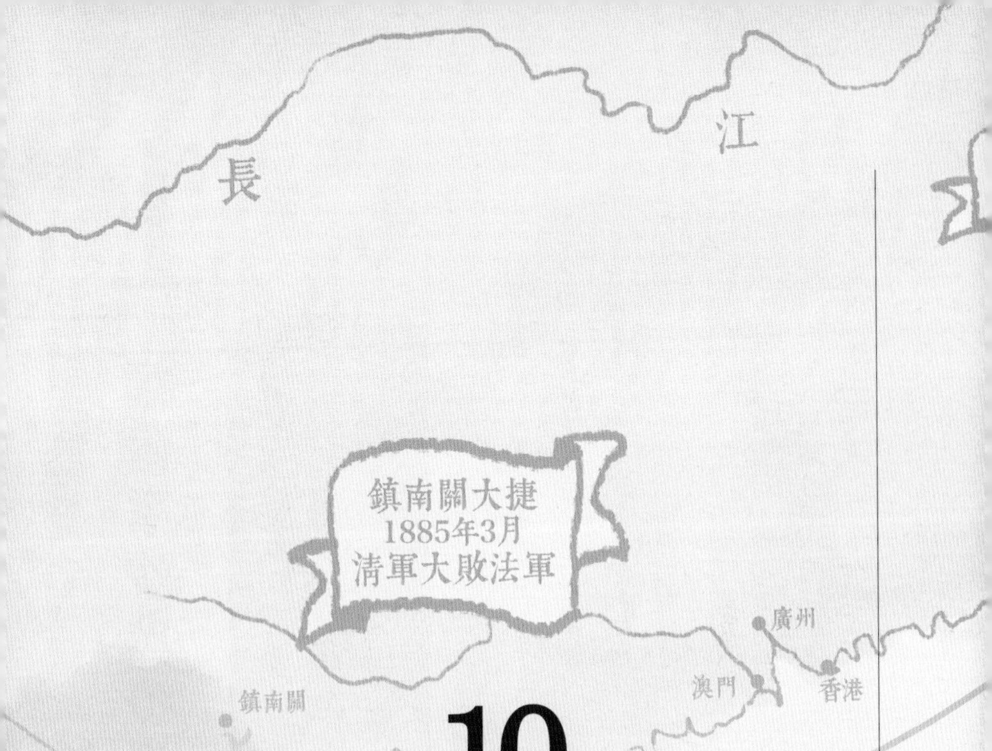

10 戒鴉片 —— 247

你以為：日本人改掉臺灣人抽鴉片的習慣
事實是：先有鸞堂戒煙運動，後有杜聰明博士用醫學方法解決了臺灣人的鴉片上癮症

11 日治時期的兩岸關係 —— 270

你以為：日治時期的臺灣與中國沒有外交活動
事實是：臺灣總督府制訂了「對岸政策」與中國往來

徵引書目 —— 294

1 福爾摩沙與瘴癘之地

你以為：臺灣是美麗之島
事實是：漢人和日本人都曾將臺灣視為「瘴癘之地」

十六世紀中葉，歐洲人以「福爾摩沙」（美麗之島）之名讓臺灣登上國際舞臺[1]；然而到了十七世紀末，臺灣被納入清朝版圖，當時來臺的漢人以及直到十九世紀末擔任福建臺灣巡撫的劉銘傳卻將臺灣視為「瘴癘之地」。割讓給日本初期，日本人甚至稱臺灣是「鬼界之島」，認為必須「馴化風土」才能居住。

「瘴」原寫作「障」，有阻礙之意，是指在濕熱山林間生成的氣體。秦漢以前，中原王朝對南方的認識相當有限；西漢的司馬遷《史記》中提到：南方的氣候溫暖、潮濕，容易讓人生病，甚至死亡；東漢的皇帝出兵征服南方，受阻於當地氣候導致的流行疾病，更

圖1　麗江古城納西族婦女
古代中國雲南也曾被漢人視為「瘴癘之地」。

形成南方有某種「害氣」的觀念。南北朝時期，「瘴」字出現；到了唐朝，南方的害氣才開始稱為「瘴氣」。

按中國傳統的方位觀念，中原位居天地中央，風土最佳，是文明人所居；南、東、西、北四方為邊緣，風土各有欠缺，是「蠻、夷、戎、狄」等野蠻人居住的地方。在歷史發展中，表面上是中原向四方擴散，事實上是四方向中原的輻輳。南方既是「蠻夷之邦」，更是瘴癘之地，中原民族因此對南方產生畏懼、偏見與族群歧視。

就中國歷史的發展來看，從黃河流域的沖積平原到長江流域河谷的開發，相隔約一千年，就是被「瘴癘」所阻礙。冷冽冬風橫掃下的乾冷北方，許多菌蟲無法生存；相對的，南方溫暖、潮濕的氣候，盛行的傳染病也較多，北方族群一來到南方，隨即發生適應困難。

中原人士也相信「瘴癘之地」會隨著漢人往南遷徙、開拓而逐步退縮。到了十七世紀初，按晚明學者章潢《圖書編》所述，「瘴癘之地」已從長江流域退至大陸邊緣

圖2 中國雲南今貌

的雲南（圖1、2）、廣西、廣東、貴州四省，以及福建、四川兩省的部分地區。

十七世紀時，英國醫師西丁漢(Thomas Sydenham)提出「瘴氣說」，認為骯髒的土壤或水所散發的汙濁晦氣會導致疾病；十九世紀末，由於瘴癘症狀和瘧疾、傷寒類似，學者們曾認定瘴病就是惡性瘧疾(Pernicious malaria)。

根據研究發現，九千萬年前瘧疾(Malaria)就已存在，可能是人類最古老的疾病之一。過去人們相信瘧疾是由有毒氣體引起，便是由「壞(mala)」和「空氣(aria)」組成的；但現代醫學證實瘧疾是由「瘧原蟲屬」

(Plasmodium)的兩百多種物種感染，這些微小寄生蟲會使各種爬蟲類、鳥類與哺乳類動物染上疫疾，其中有四種以人類為目標[2]，這些寄生蟲是「雌性瘧蚊」(Anopheles)為產卵而吸食人血所傳播[3]。

瘧原蟲和人類一樣起源於非洲，隨著感染過瘧疾的人（即血液中帶有瘧原蟲的人）遷徙，瘧原蟲從非洲擴散至歐洲、印度和中國等適宜蚊子生長的地區，於是瘧疾在各地出現了。瘧疾一旦發生，會轉變成當地的風土病，成為持續存在的威脅。

中國最早出現「瘧疾」這個名詞是在二千二百多年前的《禮記》[4]，後來的文獻中，「瘧」常出現在北方，「瘴」常出現於南方。據考古發現，古代北方氣候溫暖潮濕[5]，是適宜瘧疾存在的環境，隨著氣候變化，瘧疾才逐漸撤退；按南宋地理學家周去非的說法：南方的病都稱為「瘴」。

由於「瘧」是會反覆發作的，從漢朝到隋唐的醫家都將「瘧」和「瘴」視為同一病症，直到唐代名醫王燾《外臺祕要》才開始區別藥方；明朝李時珍《本草綱目》將瘴氣與瘧疾分開陳述，認為兩者確實不是同類疾病；清朝醫家在理論和藥方都將「瘧」和「瘴」加以區別，如魏之琇《續名醫類案》指出瘴癘不能等同於瘧疾，而是似痢非痢、似瘧非瘧的疾病；俞震《古今醫案按》駁斥瘴癘是水土不服的原因，他發現罹患瘴癘的人包括外來的北方人以及世居本地的居民，可見是因個人體質虛弱所致。大陸學者周瓊也指出：瘴癘可廣義地

圖3　水田

隨著漢人的拓墾，大量土地變成水田，導致蚊蟲孳生。

圖4　農夫耕田

農夫涉足淺水中耕種的方式，提高了瘧疾感染的風險。（翁佳音教授提供）

解釋成「南方各種風土病的總稱」。

隨著漢人往南拓墾，需要高溫和大量水灌溉的「水稻」[6]取代了旱稻，大量土地變成水田（圖3），農夫在田裡耕種必須涉足淺水中（圖4）。這樣的土地利用與工作方式，提供了瘧疾滋生與傳播的良好環境。

而「福爾摩沙」又是怎樣變成漢人口中的「瘴癘之地」？

臺灣位於亞洲大陸棚東南邊緣，橫跨熱帶、亞熱帶。南太平洋的低氣壓所形成的西南季風，以及蒙古高原的高氣壓所形成的東北季風在此交匯；夏、秋之際，常是太平洋上形成的颱風必經之地。

臺灣島中央為南北走向的高山峻嶺，能阻擋東北及西南氣流，形成豐沛的雨量，地理位置及地形條件使臺灣炎熱又潮濕，這樣的氣候環境容易產生各種「風土病」，加上臺灣位於中國大陸南方偏南，對漢人而言，當然是「瘴癘之地」。

每個地區的物種群與自然環境形成了當地的生態體系，外來者當然必須經過一段時間才能適應。

荷蘭人來臺前一年曾派人到大員（今臺南）探勘後指出：臺灣原住民西拉雅人平均身高比荷蘭人高出一個頭，可能是因西部平原水源充裕，西拉雅人普遍有沐浴習慣，透過洗浴降低病害發生率。各村落中多有挖鑿深井以供飲用；再者，西拉雅人的居住習慣也有助

圖5　西拉雅人建屋
在荷蘭人眼中，西拉雅人因住房採挑高建築，屋內整理得很乾淨，有助於保持身體健康。（翁佳音教授提供）

於健康，屋內整理得很乾淨，住房採挑高的干欄式建築（圖5），整個村落散布於自然環境中，房屋之間會相隔一段距離，能有效阻隔疾病的傳播。以上的描述可能是想像成分居多，且西拉雅人也不能代表所有的原住民，但可見在當時荷蘭人的眼中，臺灣是個既衛生又健康的地方。

荷蘭人來臺後，卻發現住在臺灣很容易致病，雖然荷蘭東印度公司派醫生在安平設立醫院，但因水土不服，加上風土病瘧疾流行，有些傳教士染病死亡，所以大多數的人都不想久居臺灣，因而有「臺灣乃是不適宜居住的美麗島」(Formosa is a fine country to live out of.) 的說法[7]。

鄭成功的軍隊進入臺灣後（一六六一年），因「水土不服」而造成七、八成士兵生病，甚至死亡[8]，給鄭軍造成極大壓力。隔年二月，將荷蘭人趕走[9]之後不到半年，鄭成功就病死了。學者戴

圖6　臺灣北部陽明山的硫磺谷

郁永河由福建到臺灣北部採硫磺，深受「瘴癘之氣」的威脅。

寶村認為他是因為罹患瘧疾而死。

清朝統治臺灣之後，也認為臺灣風土惡劣。十七世紀末《臺灣府志》寫到：「水土多瘴，人民易染疾病。」〈渡臺悲歌〉[10]開頭句：「勸君切莫過臺灣，臺灣恰似鬼門關[11]，千個人去無人轉，知生知死都是難。」

一六九七年，福建地方官員幕僚郁永河來臺灣開採硫磺（圖6），以《裨海記遊》記錄了臺灣經驗：出發北上前，府城（今臺南）官員警告說：「你沒聽說過淡水[12]和雞籠[13]的水土很惡毒嗎？人一到那兒就生病，一生病就死了！」郁永河還是堅持帶著五十五位隨從前往，果然大部分隨從到達淡水都染上了病，只好趕緊用船將他們載回府城，但其中一半的人還是死了。

或許是與疫病的接觸太直接頻繁，恐懼具體化為鬼怪，郁永河竟在大白天撞見鬼：看到樹下有四個人並肩坐著，原以為是砍柴回來的工人，正要上前詢問時，四人卻忽然消失了。這個經驗使他認為是鬼怪作祟導致疾病。

首任巡臺御史黃叔璥的《臺海使槎錄》曾描述臺灣南北氣候的差異，以半線（彰化）作為分界點，彰化以北，愈往深山則土地燥惡、貧瘠且瘴癘深重，容易致病，所以人跡罕至。

其他漢人的著作也將瘴癘解釋成「妖精鬼怪」，說臺灣極北部「淡水」的蛇能幻化為精怪，而「雞籠山」更是個萬劫不復之地，不但有湍急的洋流會圍困船隻，更有吃人的蛇妖，或者認為妖怪根本就是當地居民，善於奔跑且能短距離飛行。他們深信雞籠不僅聚積了使人生病的瘴氣，也是食人蛇妖的巢穴；並認為臺灣巨蛇不但可吞食鹿，還喜歡吃人肉，甚且幻化為精怪害人。臺灣極南部「下淡水河」（今高屏溪）以南的地方，更被看成幾乎沒有人跡、遍布重重瘴癘之氣，接觸之後必死無疑。

南北瘴病差異在於：南淡水的瘴病發作時忽冷忽熱，但只要醫治得法，病後小心調護，就會痊癒；染了北淡水的瘴病，整個肚子會鼓脹起來，而且腹瀉不止；北淡水的瘴氣是陰氣過盛、山嵐海霧所導致，很難治癒。瘴氣會因開發程度而減緩，三百多年前，臺灣北部大多尚未開發，因而瘴氣比南部更惡毒。

清初宦遊詩人孫元衡《赤崁集》對瘴癘頗多敘述，尤其〈瘴氣山水歌〉中以黑暗枯乾的煤塊來比擬臺灣高山的瘴氣毒霧，經日晒風吹仍恆久不散，而瘴癘之地成為罪犯流放之所，瘴毒則是死亡代名詞。臺灣原住民雖然習慣和瘴癘共處，但歷年來也有不少人病死。

當時人認為高山林區是鬱積瘴氣的毒窟，其中大至叢林與蟒蛇，小至昆蟲、草本植物都有致命危險；至於內山深處，漢人形容為「野番雜處」，是探險者無法深入的「魑魅之境」，甚至將居住在高山地區的原住民妖魔化、動物化，充滿了誤解與歧視。

除了陸地上有吃人巨蟒，大海中也有劇毒海蛇會釋放毒氣，所在海域也遭毒化而變得腥臭難聞，成為「黑水溝」。

漢人對臺灣瘴氣之恐懼與鄙視的口吻，根本是複製了對中國南方的刻板印象。

從清朝廷治理臺灣（一六八四年）起二十一年間，十二位擔任下淡水巡檢的官員（巡檢司署設於今屏東東港）有八位在任上病故；被派到大甲和淡水間七個巡哨站戍守的一百二十個士兵大多數病死；到了十九世紀初期，有位被派到羅東一帶丈量的巡檢也染瘴病而死。

曾多次到臺灣擔任官職的姚瑩[14]曾寫了一篇文章談臺灣東部開墾，其中指出派到該地的官員必須「年力強壯，堪耐煙瘴」。來臺灣任職既要冒「風濤之險」，又有「瘴癘之惡」，官員大多視為畏途，因此清朝廷以輪替方式，所謂「三年官兩年滿」指的是三年一任，實際任職滿兩年即可。

儘管如此，還是有些官員喜歡轉調到「天高皇帝遠」的臺灣，主要是想來「調劑」（貪汙），因而造成政治風氣敗壞，「官逼民反」層出不窮[15]。

圖7　平埔族採摘椰子和檳榔
〈采風圖〉之三，描繪麻豆、蕭壠、目加溜灣等社八月採椰子和檳榔的情形。（中央研究院歷史語言研究所藏品）

雖然漢人對臺灣有這麼多可怕的想像，卻還是前仆後繼地移民過來，主要是相信只要各地開發之後，瘴癘之氣自然會消除。學者簡炯仁指出：這種「瘴癘開發論」賦予了漢人侵奪原住民土地的道德性及合法性。

就名稱來說，瘴癘是臺灣風土病的總稱，瘧疾則是其中一種風土病。日本學者丸山芳登指出：一九一六年以前，瘧疾是臺灣最主要的風土病，也是最重要的死亡原因。

那臺灣原住民是如何適應環境的呢？早在新石器時代，原住民就有吃檳榔的習慣，漢人移民來臺後，看到原住民很少染瘴毒，又看到他們常吃檳榔（圖7、8），加上福建、廣東、雲南、四川等地人民也會嚼檳榔避瘴，於是漢人多認為吃檳榔可去除瘴癘、止渴提神[16]，因此留傳至今。此外，鴉片也曾被用來當作避瘴的藥品，到日本統治時期才被禁絕[17]。

圖8　檳榔樹上的檳榔

臺灣人嚼食檳榔的歷史非常久遠，原先檳榔是用來避瘴癘之氣，後來就變成一種經濟作物。對許多外地人而言，檳榔與臺灣幾乎可以畫上等號了。

二十世紀雖有發現「猴瘧疾」[18]，但主要的「瘧原蟲」應該是外地傳入的，臺灣原先即存在各種風土病，再加上大量人口移入、不同的土地開發與利用方式，使臺灣變成瘧疾肆虐的地方，進而成為主要的風土病。造成臺灣環境不良的因素，除了風土病，還有傳染病，臺灣的傳染病當然是海洋交通發達後，隨著外來者傳入的。

荷蘭人統治臺灣二十一年後，發生天花疫情，之後一百八十一年間，臺灣從南到北皆曾發生天花疫情，先是東部、南部，其次是阿里山，最後是宜蘭北部。

據說鄭成功部隊到達臺灣南端瑯嶠（今恆春）時，根本不用攻打，當地原住民就得瘟疫死了。這段記載應是指漢人與原住民接觸，帶來了傳染病，而原住民沒有醫療方法，也沒有疾病抵抗力，一旦感染必死。

漢人吳沙開墾宜蘭時，許多原住民感染了天花病死卻束手無策，後來吳沙判斷出病情，並開藥方給原住民，救活了一百多人，原住民尊吳沙為神，紛紛捐出土地來酬謝。

漢人張達京開墾臺中豐原時，原住民突然遭到瘟疫侵襲，張達京以祖傳祕方就地取藥，救活了無數人。原住民同樣對張達京非常崇敬，送了六個原住民女子給他為妻，後來被當地人稱為「駙馬爺」。

這些案例很像當年西班牙征服墨西哥的情形[19]。原住民沒有經歷過天花等傳染病，先天免疫力弱，感染後死亡率極高，造成原住民的恐懼；而漢人則能快速地對症下藥，這些傳染病無疑根本就是漢人帶進來的。

此外，大量移民出現、開墾土地後，改變了原有的環境，使既有的生態或疾病體系失衡，風土病因此陸續出現。水田農耕容易滋生蚊蟲，密度高的群聚生活也易使疾病快速傳播。

臺灣地形的東西向河川、南北向高山將島嶼分割開來，早期路上交通並不方便，許多未知疾病不易四處傳播；後因移民人口在各地流動，才有了更多傳播機會。

早期臺灣漢醫不多，且醫療設施簡陋，加上深信生病是冒犯山川鬼神，多仰賴求神問卜、偏方、巫術或求助於道士等民俗療法，於是除瘟療疾的王爺[20]等信仰成為臺灣普遍的神明。

臺灣開港通商（一八六〇年）[21]之後，來臺的外國傳教士醫師也有多位感染風土病，

圖9 日軍駐紮處（位於屏東縣車城鄉國立海洋生物博物館旁）

甚至因此過世[22]，造成傳教工作的困難，但他們對臺灣的醫療發展仍有極大貢獻[23]；來臺灣將近三十年（一八七二年到一九〇一年）的加拿大籍傳教士馬偕(George Leslie Mackay)[24]稱瘧疾為「淡水熱」，是「人類最致命的敵人」，他認為瘧疾是「由有機物分解所導致的瘴氣毒素，其強度因患者個人體質、氣候和環境而異」。瘧疾的治療在馬偕所著《臺灣六記》有記載：「瘧疾剛發作時，那些體質強壯者應設法讓他們發汗，如果全身已布滿病毒則需長期治療。」他們先用瀉藥及蒲公英根醫治，再用奎寧劑，如有必要則服用一種加上鐵之過氯酸鹽的化學藥劑。發病期間必須食用流質食物，持續運動，呼吸新鮮空氣；預防之道是將檸檬切片煮出汁水，平日是可口的飲料，生病時多喝則是良藥。

一八七四年，日本因牡丹社事件出兵征討臺灣原住民[25]，日軍登陸瑯嶠後在附近紮營（圖9）。醫學家丸

圖10 ● 日軍忠魂碑（位於屏東縣牡丹鄉與車城鄉交界處的石門古戰場）

山芳登認為當時可能爆發了瘧疾，約六千名日軍有將近五百人死於傳染病，其中六六％感染了瘧疾（圖10）[26]。

清朝廷也派遣淮軍十三營，共計六千五百人到臺灣協助攻防，結果有四分之一軍官和士兵死於瘧疾，因戰陣亡和傷亡的人只有四十四人。看來這場戰役中，雙方最大的敵人都是瘧疾。

該事件之後，清朝廷決定要積極經營臺灣，派船政大臣沈葆楨以欽差大臣身分辦理臺灣海防事務。此次日本攻打臺灣南部原住民也讓清朝體認到經營「化外之地」的重要，加上西岸平原大多已開發，為爭奪墾地經常發生移民械鬥；東部廣大未開發的土地又被中央山脈阻擋，沈葆禎因而建議「開山」[27]，在開山過程中，殉職武官大多是染上瘧疾或傳染病而死[28]。

再者，沈葆楨巡查臺灣之後，建議朝廷建省，設立臺灣巡撫。先由福建巡撫分駐臺灣[29]，第一個來臺的是當時福建巡撫王凱泰，並確定往後福建巡撫「冬春駐臺，夏秋駐閩（福建）」[30]的模式。王凱泰在臺灣五個月，即因太過勞累加上感染瘴癘，回到福州十二天後就病逝了；接著來臺的丁日昌只待四個月就離開了；再來是吳贊誠，兩次來臺停留約五個多月，兩次都感染瘴癘，請假回江南就醫，第二次回鄉後很快就病故了；之後來臺的是岑毓英，留臺近六個月後調職擔任雲貴總督。

圖11 澎湖風櫃尾蛇頭山的法軍公墓

圖12 澎湖風櫃尾蛇頭山的法軍公墓

看來以福建巡撫兼管兩地的模式，並非長久之計，岑毓英於是向朝廷建議應多任用本地人士來管理，開啟了日後臺灣仕紳崛起[31]的契機。

中法戰爭時（一八八四年到一八八五年），當時法國士兵因水土不服，感染了瘧疾，死傷甚多（圖11、12）；還有人感染「皮膚病」，另有些人死於霍亂。法國海軍提督孤拔(Amédée Courbet)（圖13）據說就是因痢疾病死在澎湖（圖14）。而直到清朝統治二百多年後，擔任首任巡撫的劉銘傳還是以「瘴癘悍疫之鄉」來形容臺灣。

一八九五年，日本開始統治臺灣，來接收的日軍登陸時就有二百多人生病，很快爆發流行疫病。五月二十五日，臺灣民主國成立後，日本北白川宮能久親王率領的近衛師團於臺灣東北部登陸，八月率軍占領臺灣瘴癘最著名的彰化後，近衛師團不少將校士兵都感染熱病，因此只前進到濁水溪以北的員林。

等到天氣轉涼後，病勢減退，九月二十九日離開彰化，繼續南進。相傳十月二十八日能久親王突然出現瘧疾（實則為被殺傷[32]），後病故於臺南，遺體由西京丸號運回東京。

這一年從五月至年底，日軍征臺之役中，傷亡不到七百人，生病的人卻近二萬七千人，其中有四千六百多人病死，幾乎都是罹患瘧疾。

隔年，臺北發現了臺灣第一個感染鼠疫的病例，由於臺北是政治中心而引起很大騷動；隨後各地不斷出現鼠疫病患，又缺乏具體可靠的預防方法，日本人極為恐慌；接著又發生瘧疾、傷寒等瘟疫，讓日本人覺得臺灣是「鬼界之島」。

傳染病與風土病使在臺之日本軍民生命受到威脅，大量折損了軍力。日本統治臺灣初期，除了必須鎮壓各地反抗勢力，還要解決衛生問題，此時日本國內就出現了「賣卻論」（將臺灣賣掉）的主張[33]。

從漢人到日本人，一方面將臺灣視為「瘴癘之地」、「鬼界之島」，一方面還是不斷移居來臺，可見這是充滿地域偏見與族群歧視的稱呼，也為他們開拓、占有臺灣的行動找到理直氣壯的歷史定位。

圖13 孤拔像（攝於陽明山辛亥光復樓展覽廳）

圖14 孤拔墓（位於澎湖馬公中正國小西南側）

附註

1.請參見駱芬美《被誤解的臺灣史》第一單元〈西方人如何認識臺灣？〉。

2.四種能夠感染人類的瘧原蟲，包括惡性瘧原蟲(Plasmodium falciparum)、三日瘧原蟲(Plasmodium malariae)、卵形瘧原蟲(Plasmodium ovale)及間日瘧原蟲(Plasmodium vivax)。

3.一八八〇年，法國軍醫萊伏蘭(Laveran Charles Louis Alphone)發現瘧原蟲，確定瘧疾病原體是寄生在紅血球的一種原蟲；一八九七年，英國駐印度軍醫、原蟲學家羅斯(Ronald Ross)解釋瘧疾寄生蟲之生活史，以及證實瘧疾是借雌性瘧蚊叮咬傳染；一八九九年，萬巴德醫師(Dr. Patrick Manson)以人體做實驗，進一步證實瘧疾係由沼澤地孳生之瘧蚊傳播，開啟瘧疾流行病學研究之風；一九〇二年，羅斯更因對瘧疾研究之卓越成就而獲頒諾貝爾生理醫學獎。

4.《禮記》是儒學經典之一，所收文章是孔子學生及戰國時期儒學學者的作品。

5.經考古發現，中石器時代的鴕鳥蛋殼滿布蒙古草原，表示當時繁生水草；考察中、新石器時代的聚落位置，顯示蒙古曾有大面積的水草田，適宜人居；東蒙古發現人工器物的地層裡也含有大量腐植質，代表古代曾為森林所在；西安附近的半坡村遺址發現獐、竹鼠和貉等亞熱帶動物遺骸，距今約五千六百年至六千零八十年；山東歷城縣龍山文化遺址也找到炭化的竹節等，這些古生物遺骸或化石說明了當時中國華北（介於秦嶺至長城之間）的氣候要比現今溫暖潮濕許多，約等同於今長江流域的副熱帶氣候。

6.一九七三年，浙江省發現一處新石器時代古人類遺址，位於餘姚市河姆渡鎮，稱為「河姆渡文化」。經過考證，這處遺址最深的第四文化層在距今六千年到七千年之前，證明河姆渡先民具有種植水稻的能力，打破了先前水稻起源於印度的說法。

7.專研日本的德國籍史學家里斯(Ludwig Riess)（任教於東京帝國大學）曾運用荷蘭檔案撰著《臺灣島史》(Geschichte der insel Formosa)，於一八九七年四月以德文發表於《東京德意志自然、民族東亞學會雜誌》第六卷第五十九號，被視為臺灣島史書寫的里程碑。周學普由德文譯為《臺灣島史》，收入由臺灣銀行經濟研究室編印、一九五六年出版的《臺灣經濟史．第三集》（《臺灣研究叢刊》第三十四種）。

8.根據鄭成功的官員阮旻錫《海上見聞錄》書中記載。

9.請參見《被誤解的臺灣史》第六單元〈鄭成功如何趕走荷蘭人？〉。

10.〈渡臺悲歌〉是清朝一首描述客家移民渡過臺灣海峽到臺灣辛勤開墾的詩歌，作者姓名已亡佚。由黃榮洛於一九八六年在新竹發現，原稿為手抄本。

11.被稱為鬼門關的不只臺灣一處，唐朝時，南往交趾之路也被稱為鬼門關，形容此地有瘴癘險惡。

12.請參見本書〈臺北如何變成臺灣的政經重心？〉單元。

13.雞籠是今基隆古名，雞籠山則指雞籠東方的高山。名稱來源說法甚多，或以來自原居此處的原住民凱達格蘭族，此名與閩南語「雞籠」相似；或以北部沿海最高山，因外貌極似罩雞的籠子，故稱「雞籠山」。因地標明顯，每當福州、廈門等地的帆船駛近，望見該山，即知抵達臺灣，於是以山名為地名。清朝統治時期，雞籠大部分地區仍為蠻荒之地，直到一七二三年，來自福建漳州的移民開始入墾。一八七五年正式設治，並取「基地昌隆」之意改名為基隆。

14.姚瑩曾於一八一九年任臺灣知縣，一八二一年至一八三一年任噶瑪蘭（今宜蘭）通判，一八三八年至一八四三年任臺灣道。

15.請參見《被誤解的臺灣史》第十三單元〈客家人的義民廟〉。

16.也有人不贊成，如《重修臺灣縣志》的王必昌說：「檳榔，云可解瘴氣，實無益也。」

17.請參見本書〈抽鴉片〉、〈戒鴉片〉單元。

18.猴瘧疾 (simian malaria)（諾氏瘧原蟲）最早於一九二七年在獼猴身上發現，日治時代也有學者在臺灣獼猴體內檢出。近年來泰國、新加坡、菲律賓、緬甸與中國大陸陸續傳出人類感染個案，已被視為可能是人類原有四種瘧疾之外的第五種瘧疾。

19.十五世紀末，西班牙以不到六百名兵士征服了擁有數百萬人口的阿茲特克帝國（位於今墨西哥），主要因素就是「天花」。

20.「王爺信仰」是臺灣最普遍且最受歡迎的民間信仰之一，關於「王爺」的身分有各種說法，其中以臺灣學者劉萬枝和日本學者前島信及為代表，主張「王爺」為純粹的瘟神信仰。

21.請參見本書〈臺北如何變成臺灣的政經重心？〉單元。

22.一八六六年冬季，打狗（今高雄）瘧疾盛行，來臺傳教之馬雅各醫師 (Dr. James Laidlaw Maxwell) 亦受感染；一八七九年九月，李庥牧師 (Rev. Hugh Ritchie) 患瘧疾病死於府城；一八九二年六月，盧嘉敏醫師 (Dr. Gavin Russell) 患虛黃熱症死亡。一八九四年，甘為霖牧師 (Dr. William Campbell MD) 於府城生病，到旗後療養；涂為霖牧師 (Rev. W. Thow) 身體發熱，服用奎寧劑後沒有退熱，隨後引發腹膜炎去世。

23.請參見本書〈臺灣的醫生〉單元。

24.馬偕不是醫師，在淡水傳教時，教會調派華雅各醫師 (Dr. J. B. Fraser) 等人協助。

25.牡丹社事件請參見本書〈近代日本從何時開始覬覦臺灣？〉單元。

26.在此之前雖有許多關於瘧疾的紀錄，但經常是與其他風土病混稱的。按現代醫學所確定的「瘧疾」，在臺灣的首次紀錄，「蚊子博士」連日清說是出現於一八七四年的牡丹社事件。

27.勘查臺灣全島形勢之後，沈葆楨擬開發三條貫穿臺灣東西部的橫貫公路，包括北路（由蘇澳至花蓮奇萊，今蘇花公路前身）、中路（由林圮埔至花蓮璞石閣），以及南路（由屏東社寮至臺東卑南）。

28.編於一八九四年的《臺東州采訪冊》記載，一八七四年至一八七五年間開路病故的十四位武官中，有八位因「積勞染瘴」，有二位因「積勞染疫」，三位因「得疾」，一位因「突遇生番，力戰身殉」；一八七六年至一八九二年間，病故武官有十三人，但未指明是瘴或疫；一八九三年，又有二人因「積勞染瘴」病故。

29.清朝廷對臺灣的治理原先是以「臺廈兵備道」管轄，一七二一年朱一貴事件平定後，因事發時臺廈兵備道梁文煊棄職潛逃，清朝廷遂將「臺廈兵備道」改成「臺廈道」，還派出「滿、漢巡臺御史」各一員到臺灣巡閱，握有巡查臺灣官兵及提督學政關防之責，但是巡臺御史對整頓營政、吏政收效不大，且兩御史的巡臺供費繁多，造成財政負擔，導致御史和臺灣文武間不合；一七三七年，內閣大學士兼禮部侍郎吳金主張臺灣必須有一巡撫來治理，才能發揮控制海洋、屏蔽江、浙、閩、粵之作用；此建議雖然沒被朝廷接受，但一七八八年正式廢止巡臺御史；一八一〇年起，由福州將軍、閩浙總督、福建巡撫、福建水師提督、福建陸路提督，每兩年輪流到臺灣巡閱一次，時間訂在春秋之間。

30. 冬天及春天駐守臺灣，因臺灣夏、秋兩季，山溪水漲，道路時時不通；夏天及秋天駐守福建，因秋審、奏銷等都在此兩季。

31. 此為臺中霧峰林家崛起的重要關鍵。

32. 北白川宮能久親王是在十月二十八日於曾文溪南岸，今臺南善化地界（三塊厝林投巷）被義勇軍龍敲、曾老晏、林惡沙射殺成重傷，士兵扛至今善化慶安宮前草藥店急救，並連夜運往臺南，仍不治死亡。翌日靈柩以「西京丸」輪船由安平運回日本，十一月四日上午抵達橫須賀港，隔日在東京發布消息。

33. 請參見本書〈戒鴉片〉單元。

大事記

1653 ■臺灣荷蘭官員的信中提到發生瘧疾和痲疹等流行病

1661 ■鄭成功帶軍隊進入臺灣後，因「水土不服」而造成七、八成的人生病或死亡

1662 ■六月二十三日鄭成功疑死於瘧疾

1684 ■臺灣納入清朝版圖

1860 ■臺灣開港通商之後，來臺的外國傳教士醫師有多位感染風土病，甚至因此死亡

1874 ■發生牡丹社事件，日本士兵與清朝軍隊在臺灣多因瘧疾而死

1884-1885 ■中法戰爭時，法國士兵因水土不服，感染了瘧疾，死傷甚多

1885 ■臺灣建省

1895 ■《馬關條約》把臺灣割讓給日本
十月二十八日，日本北白川宮能久親王被殺傷，死於臺南

1896 ■爆發鼠疫

2 抽鴉片

你以為：滿清末年，只有中國有抽鴉片問題
事實是：當時臺灣抽鴉片的情況不亞於中國

說到鴉片(opium)，我們會聯想到一八三三年林則徐開始禁鴉片，而後引發中英鴉片戰爭，清朝戰敗，被迫簽訂第一個不平等條約——《南京條約》[1]。其實同一時間，臺灣人吸食鴉片情況之嚴重，絲毫不亞於中國，特別是在一八六〇年淡水開港之後。此外，當時的西方社會，鴉片的吸食也相當普遍[2]。可見在醫療不太發達的時代，具有麻醉與鎮靜特性的鴉片，自然被視為具有實用價值。

鴉片是割開罌粟花未成熟的果實，讓它流出乳汁，經凝固後形成。罌粟花原產於中東地區，唐朝中期由阿拉伯商人傳入中國，那時印度已有用鴉片治病的紀錄；到了宋朝，在中國已相當普遍，除了觀賞、食用外，罌粟子被當成藥，主治反胃及胃口差；南宋時，罌粟殼也開始出現在醫書中，療效轉為「止瀉痢、治咳嗽」；元代有位醫學家朱震亨雖肯定罌粟殼有治療咳嗽、瀉痢的效果，也首次提到罌粟有「藥性猛烈、閉塞腸胃」的害處。

將罌粟花的津液製成鴉片、做為藥材的最早紀錄出現在明代李挺《醫學入門》一書；明代李時珍《本草綱目》裡則將罌粟殼與鴉片前後並列，兩者療效相似，都可治療嚴重瀉痢，還可壯陽，但罌粟殼沒有毒，鴉片有微毒；清代《本草求真》也提到類似治療瀉痢的效果。不過這時的罌粟子、罌粟殼或鴉片都是用吞食的，或加其他藥煎湯服飲。

鴉片在中國開始受歡迎則是變成吸食之後，但它是如何從吞食變成吸食的呢？

說法之一是從臺灣傳到中國。鴉片開始變得迷人是因為遇見了菸斗，北美洲的印地安人最早使用菸斗，西班牙征服美洲之後，菸斗開始盛行於全世界。十七世紀初，荷蘭的水手們開始將鴉片混著砒霜放在菸斗裡吸食，用來預防瘧疾。而在荷蘭人統治下的臺灣，漢人移民因水土不服，容易感染臺灣風土病——瘧疾，就以鴉片防治瘧疾。這時的鴉片主要來自印尼，仍是吞食服用。之後，荷蘭人開始向包括臺灣在內的亞洲各地銷售鴉片，並帶進將鴉片混合菸草的吸食法，進而從臺灣傳到中國東南沿海地區，且大為流行。

說法之二是中國人發明了吸食法，從中國流行到臺灣。中國學者端木賜香認為，鴉片從「水管吸食法」[3]到「就燈吸食法」[4]，以及「煙槍吸食法」，轉而發出令人陶醉的香味，

圖1 煙榻
（攝於安徽黃山宏村）

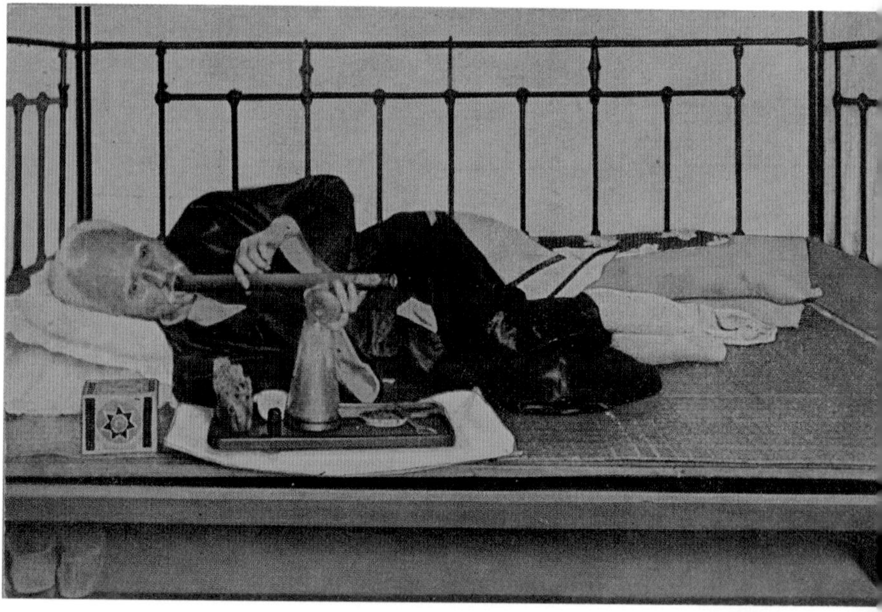

圖2 鴉片吸食者
（國立臺灣歷史博物館提供）

圖3 臺灣鴉片吸食者
（國立臺灣歷史博物館提供）

這只有中國人的智慧才能發明出來。且清朝人將鴉片的行銷觀念、工藝製作和享受情趣方面發揮到極致，發展出一種賽似活神仙的絕妙吸食法——躺在煙榻（圖1）上，拿著煙槍、就著煙燈吞雲吐霧（圖2、3）。

由於鴉片都是以藥材之名合法納稅進口[5]，是家庭常備藥，抽鴉片是治病兼享受，當然也是光明正大、理直氣壯的事。

後來清朝人更為了經濟因素，自行種植罌粟[6]。鴉片生產的利潤遠高於紅薯、玉米、棉花等經濟作物，同時具有替代貨幣的功能，且攜帶方便、安全，所以旅者和商人寧願帶著鴉片上路，而不願意直接攜帶銀錢，甚至各地赴京趕考的舉子也會攜帶鴉片，用來支付一路上的食宿費用。

當鴉片從吞食變成吸食是將鴉片與菸草混合，所需花費更高。更由於吸食情況愈來愈嚴重，到了十八世紀，統治者開始發現鴉片的「害處」。

一七二一年，隨著堂兄藍廷珍來臺灣平定朱一貴事件的藍鼎元，發現臺灣人吸食鴉片的問題非常嚴重，他上書巡臺御史陳述臺灣鴉片毒害猖狂，必須禁絕鴉片並振興臺灣衰頹的民風；《臺灣縣志》中更指出鴉片和賭博是臺灣風俗的兩大害。

藍鼎元所指稱鴉片的害處，比較類似「壞習慣」，屬於道德層級。至於清朝廷在意的是，吸食鴉片需要花費大量白銀去購買，對國家財政安全造成威脅。

雍正皇帝在位時（一七二九年），《大清律例》增訂對鴉片的禁令，主要管制販賣鴉片煙、開鴉片煙館、隱匿不報、藉故需索和官吏失察等五項；隔年，這道禁令擴及臺灣。一七五五年，乾隆皇帝又頒布禁令，將鴉片販賣權限歸於朝廷，類似現代政府的菸酒專賣制度。

十八世紀末，嘉慶皇帝一即位就下令禁止從海外進口鴉片，於是鴉片成了禁品，鴉片貿易從合法變成非法；十八年後（一八一三年），嘉慶皇帝基於鴉片走私嚴重，且認定鴉片敗壞風俗，進一步頒布《吸食鴉片治罪條例》，正式禁止吸食鴉片，違法吸食的人必須被處罰；但這時還沒有考量到鴉片是否影響人民身體健康。

禁止進口鴉片反而助長了走私風氣，乾隆中葉每年的鴉片走私數量大約二、三百箱；到了十九世紀前半葉的道光年間，增加到四千多箱，然後快速增加到二萬多箱，不到一百年間，成長了一百倍，鴉片可說已攻占了中國。

由於這時對鴉片會「成癮」還沒有清楚的概念，只知道吸鴉片會造成難以戒治的惡疾，多以「癮發」、「痼疾」來形容。

對於禁絕鴉片，道光年間主張嚴禁鴉片而與英商對槓的林則徐擔任江蘇巡撫時，曾嘗試搭配戒煙丸來治療；他廣徵戒煙方劑，邀請江浙名醫何書田編輯《救迷良方》，編成後大量印刷，並在湖北、廣東等地發行。書中所列的戒煙斷癮藥方共十多種，經多次嘗試有效的，就把配方固定下來，成為「十八味」；一般中藥店都製成藥丸或熬成膏汁，民間相傳稱為「林文忠公戒煙方」，或簡稱「林十八」。可算是清末第一次將鴉片吸食者視為病人，並企圖予以矯治。

但戒癮需要極大的決心，中國歷史上因而出現以「死罪」來威脅人民不准吸鴉片的論點。道光年間（一八三九年）擔任大理寺少卿（相當於今法務部副部長）的黃爵滋，曾以「造成國家財政嚴重損失」的理由，建議「通告全國一年之內戒絕鴉片吸食，否則罪以死論」。

快樂的鴉片吸食者搖身變成要被判死罪的人，算是晴天霹靂吧！黃爵滋的建議沒有任何治療的配套措施，鴉片癮者根本無法在期限內戒除。若真的付諸執行，中國歷史上只會添增無以計數的冤魂而已。

這些種種的禁鴉片行動，特別是林則徐的嚴禁鴉片，被認為是引發鴉片戰爭的原因。其實先是英國對中國貿易長期的逆差[7]，加上中國採取銀本位，英國則是金本位，英國為了減少金銀兌換的損失[8]，會用「以物易物」的交易方式，特別是以鴉片來交換所需的茶葉，因而讓英國不得不發動戰爭，以解決對中國貿易的困境。

戰爭結果，清朝廷簽下不平等條約[9]，等於公開認可英國輸出鴉片到中國。隨著鴉片大量流入，吸食的狀況更形氾濫，鴉片價格愈來愈昂貴，朝廷裡的「弛禁派」因此抬頭，鼓勵中國境內開放種植鴉片，以抵制國外進口鴉片，並且對土鴉片與外來鴉片都要課重稅。從此以後的半個世紀，清朝廷為了鴉片稅收的利益，不再把鴉片當成社會亂源，也不再嚴令禁止。

至於臺灣，清朝廷開始嚴禁鴉片時，擔任臺灣道[10]的姚瑩就按朝廷「初犯者處刑罰，再犯則處死」的命令來執行；但是英國船隻常來到雞籠（基隆）、滬尾（淡水）與百姓祕密進行交易，因此暗中吸食的人仍然很多。

繼任臺灣道的徐宗幹上奏指出：臺灣銀錢一天比一天減少，就是因為吸鴉片的情況愈來愈嚴重，平均每人每天需要二錢，當時臺灣吸鴉片的人數約達五十萬人（總人口數未滿三百萬人），吸鴉片人口占比約六分之一，每天耗掉十萬兩銀，怎麼可能不窮？甚至可能淪落到得去偷盜了！他頒布了《禁煙（鴉片）公約》和《全臺紳民公約》，希望遏止鴉片弊害繼續擴散，卻毫無效果。

等清朝廷和列強簽下《天津條約》，開放安平、滬尾、打狗（高雄）、雞籠四個通商口岸，原本只供應中國米和糖，轉變成供應全世界茶[11]、樟腦和糖[12]。一八六八年開始的七年時間，茶、糖、樟腦占臺灣出口總值九四%，賺取大量外匯，「臺灣錢淹腳目」指的就是這個時期。

貨物進口方面，鴉片從走私進口轉成以「洋藥」名義合法進口（一八六四年起），開放進口十七年後，進口量急速成長五倍[13]。

當時臺灣人稱進口鴉片為「洋藥」，土產鴉片為「土藥」。因為茶葉貿易賺了錢，經濟條件改善後，對鴉片的購買力也跟著提升了。

臺灣高山多，森林動植物腐敗後散發出的毒氣稱為瘴氣，容易讓人生病，臺灣人因而風行吸食鴉片來避瘴氣，茶和檳榔雖然也可以抵抗瘴氣，但效果不如鴉片。

當時漢人和原住民都有吸鴉片的習慣，甚至祭祀的供桌上也有鴉片煙具。有篇〈臺遊筆記〉描述一八八四年前後臺灣北部的情況：臺灣風俗純樸，但男人大半吸鴉片，出門隨身帶著裝有鴉片煙槍的箱子。

圖4 沈葆楨像
牡丹社事件後，清朝廷派船政大臣沈葆楨以欽差大臣身分來辦理臺灣海防事務。（攝於臺北「翰林筵」餐廳）

圖5 李鴻章像
（攝於安徽合肥李鴻章故居）

因發生牡丹社事件[14]被派來臺灣的船政大臣沈葆楨（圖4），以及來臺東當知州（即縣長）的胡傳（民國時期五四運動靈魂人物胡適的父親），都發現臺灣人為抵擋瘴癘之氣而吸鴉片，不少人因此有煙癮。胡傳發現十個士兵有九個吸鴉片，有次帶兵上山征剿原住民，遇到颱風大雨，不少士兵因饑寒交迫而生病，體質較差的士兵甚至死亡[15]，在這種情況下，很難完全禁止他們吸鴉片。

胡傳看到士兵因吸鴉片而身體乾癟瘦弱，又幾乎花光了所有薪水買鴉片。他先淘汰掉煙癮太嚴重的士兵，並發下戒煙丸，要求各軍營士兵一個月內戒煙，可是成效仍然不好；無力之餘，他在日記上寫下：瘴癘之氣嚴重，士兵煙癮過重，實在難以整頓。

一八九五年中日甲午戰敗後，李鴻章（圖5、6）與日本代表伊藤博文談判時（圖7），也曾指出「臺地瘴氣甚大，前日兵在臺傷亡甚多」，希望嚇阻日本在條約中要

圖6 李鴻章府
（攝於安徽合肥李鴻章故居）

圖7 春帆樓談判
（攝於安徽合肥李鴻章故居）

求割讓臺灣。

《臺灣通史》作者連橫在〈鴉片問題意見書〉中說：由於風土氣候的關係，移民來到臺灣，只有吸食鴉片的人可以倖免於死。更說：臺灣人吸食鴉片是因為勤勞，不是懶惰；在心態上是進取，不是退守的。

另外，臺灣吸食鴉片者以中下階層為主，他們習慣透過吸食鴉片來解除身體的疼痛[16]、舒緩工作的勞累，因為他們的收入所得較低，因此臺灣進口鴉片的等級也比中國低。

而臺灣吸食鴉片的年齡層，通常從二十歲前後開始。平均吸食後一個月至三年逐漸上癮，而女性可能是因為對麻醉品反應較敏感，有人甚至只吸食一個月就上癮了。

清末《海關醫報》中外籍醫師觀察：鴉片在臺灣除了外傷止痛，還可以治療痢疾、破傷風，以及瘧疾。

日本人統治臺灣第二年，曾在臺北、淡水、基隆、臺南、鳳山、高雄等地訪談有吸食鴉片經驗的人，發現吸食鴉片的主要原因是為了治病，治病者主要是用來止痛，也有少數用來止咳。

鴉片在當時的臺灣家庭中幾乎是不可或缺的，甚至家中嬰兒不停啼哭時，都會用鴉片煙向嬰兒口中吹，讓嬰兒能停止哭泣而安然入睡，孩子在家看著父母吸煙，難免好奇地嘗試吸食。從小耳濡目染，怎麼可能不染上惡習呢？

也有女性吸食鴉片。除了治病，還有人是因為丈夫去世，父兄為了不讓她再嫁，以博得「貞潔婦女」的美名，就讓她鎮日躺在煙榻上吸煙，出不了門，當然就減少了失節的可能。

抽鴉片既被視為理所當然，幾乎所有的村莊都設有鴉片煙館。

一八八一年擔任臺灣道的劉璈，以及一八八四年因中法戰爭[17]被派來臺灣的劉銘傳，都只著力在徵收鴉片稅金[18]，以做為建設經費。當時鴉片在臺灣如同貨幣，有位中法戰爭來臺的法國水手在日記中形容鴉片就像錢一樣，普遍且搶手，可以輕易出售。

至於吸食鴉片的人究竟有多少？由當時海關報告大略估算，從淡水港進口鴉片的銷售地區如基隆、宜蘭、臺北、新竹至大甲溪以北，有四五%的男性和三%的女性吸食鴉片，鄉鎮地區的吸食人口（男女合計），比例更高達七〇%。日本統治後採取鴉片專賣政策，以漸禁手段來戒除鴉片，因此吸鴉片比例略為降低，根據日本人的調查，基隆地區男性吸食者占人口比例為三〇%至三五%，女性則為一%。

臺灣人民鴉片吸食量如此之大，似乎只有當時在臺灣的外國人意識到問題的可怕。如英國傳教士甘為霖(Dr. William Campbell MD)在臺南府城附近的小鎮遊歷時，看到一家鴉片店寫著「極樂」二字，覺得不可思議，他可能真的不太能體會吸鴉片時那種「快樂似神仙」的享受。

又有些外國人驚訝於臺灣的茶農每年賺許多錢，卻衣著樸實、住屋簡陋，推測是因為

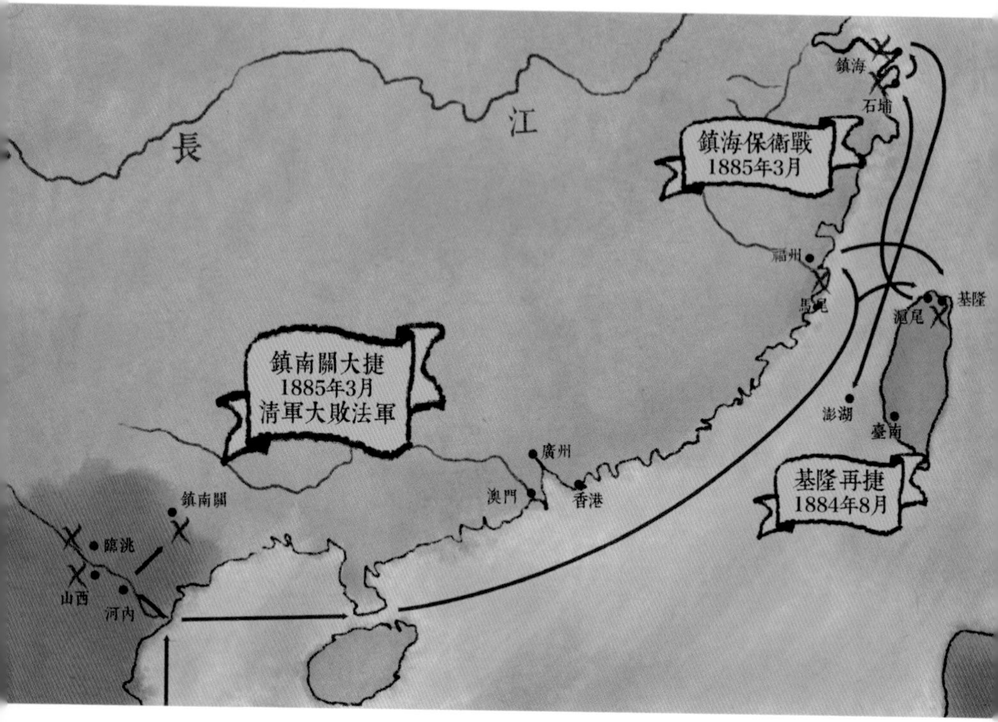
長
江
鎮海
石埔
鎮海保衛戰
1885年3月
福州
馬尾
基隆
滬尾
澎湖
臺南
基隆再捷
1884年8月
鎮南關大捷
1885年3月
清軍大敗法軍
廣州
澳門
香港
鎮南關
臨洮
山西
河內

圖8 中法戰爭形勢圖

吸食鴉片花太多錢，沒錢可以購買改善生活的其他物資。外商甚至乾脆拿鴉片來交換臺灣的茶、糖、樟腦等，難怪《英國領事報告》（一八七九年）就說：「此地開發資源所得，多花在鴉片上，真是一種遺憾。」

對於鴉片的危害，當時還是太多著眼於經濟方面的損失，而不是吸食鴉片會殘害身體。吸鴉片和賭博、嫖妓一樣，會使家財散盡，以致家庭破碎、妻兒離散，甚至淪落街頭。臺灣直到日治初期，還是把吸鴉片當成壞習慣，而不是會上癮的病。

中法戰爭（圖8、9）時，法軍封鎖臺灣

圖9 **法軍軍艦**
（攝於臺北陽明山辛亥光復樓展覽廳）

圖10 劉銘傳像
（國立臺灣博物館提供）

圖11 劉銘傳故居「劉老圩」門口
（攝於安徽合肥肥西）

北部長達五個月，鴉片無法進口，吸鴉片的人簡直快瘋了。當時劉銘傳（圖10、11、12）還寫了一首歌謠：「西仔來打咱臺灣，大家合齊來打番。」全臺灣同仇敵慨，激起共同抵抗法國的決心。這是歷史上臺灣人第一次有了生命共同體「咱臺灣」（我們的臺灣）的概念，卻是因為鴉片輸入被斷絕！

更不可思議的是，臺灣要被割讓給日本的消息傳來後，民間就開始傳說日本將嚴禁鴉片，包括「將會把有鴉片煙癮的人趕回中國」，以及「將斷絕鴉片來源，有煙癮的人會很痛苦」等，恐慌的心理作用下，大家開始大量囤積鴉片，使臺灣的鴉片價格愈來愈昂貴。

圖12 劉銘傳故居「劉老圩」復原圖
（攝於安徽合肥肥西）

諭　示

大日本帝國欽派臺灣島及所有附屬各島嶼併澎湖列島等處
總督海軍大将子爵樺山　爲
出示曉諭事諭得此次
大日本帝國
大皇帝准将
大清帝國
大皇帝因日中両國欽差全權大臣於明治二十八年四月十七日在下之關
所定和約所讓臺灣島及所屬各島嶼併澎湖列島即在英國格林尼次
東経百十九度起以至百二十度及北緯二十三度起以至二十四度之
間諸島嶼之管理主權及該地方所有堡壘軍器工廠及一切屬公物件
永遠帰併
大日本國特簡本大臣授與總督駅抵任所本大臣恭遵
諭旨接收
大清國所讓各地方併駐此督理一切治民事務凢爾衆庶在本國所管地
方懔遵法度恪守本分者悉應享周全保護永安其堵特此曉諭
明治二十八年六月二日

中日《馬關條約》（圖13）簽訂後，以唐景崧、劉永福（圖14）為首，成立了臺灣民主國（圖15），和各地的抗日團體聯合展開武裝抗日行動。

劉永福本身就是個鴉片煙癮很重的人，白天閉目養神吸煙，晚上精神百倍，連接見部下、訓練軍隊都在煙榻上。

由於日本內閣總理大臣伊藤博文在《馬關條約》簽訂時，曾誇口要嚴禁鴉片[19]，劉永福等人就拿來作為鼓吹臺灣居民抵抗日本的理由。當時的抗日文書中，就有「倭奴將斷爾等辮髮，禁鴉片，以及一隻豬、一隻雞等微物亦將課稅」等說法；還流傳著日本人來臺將會「第一條斷辮髮、第二條禁鴉片、第三條解纏足」。

辮髮、鴉片、纏足這些日本人眼中的野蠻習俗，被劉永福用來作為象徵當時臺灣的固有風俗，是不容侵犯的。透過這種將會危及自身

圖14 劉永福像（攝於安徽合肥李鴻章故居）

圖15　臺灣民主國的藍地黃虎旗
中日甲午戰敗，清朝廷將臺灣和澎湖割讓給日本。一八九五年五月二十五日臺灣民主國成立，擁立臺灣巡撫唐景崧擔任大總統，但不久唐景崧內渡回中國；同年六月下旬，民主國在臺南由大將軍劉永福領導，十月十九日劉永福兵敗，從安平登上商船回中國；兩日後臺南陷落，臺灣民主國結束，壽命僅一百五十天。（國立臺灣博物館提供）

權益的恐懼感，召喚臺灣人產生同仇敵愾的意識。

中國人是在林則徐嚴禁鴉片後的二十一年，才對鴉片上癮病理有所認知。《戒煙全法》、《讀醫隨筆》二書作者陳學山提到鴉片可加速血脈運行，使人精神暢旺，久了就成癮。成癮後一旦停止服用，會精神沮喪、身體疲憊、失魂落魄、兩眼流淚，甚至腸子脫落而死。

當時有人以「鴉片鬼」或「生骷髏」來形容吸食鴉片的人，已逐漸認為鴉片是藥性猛烈的「毒藥」。

為了戒除鴉片，清末到日本統治初期，臺灣民間流傳各種戒煙方式，像是鴨血與木棉花可以解鴉片之毒，據說鴨血是治療虛勞夢遺的聖藥，木棉花則可以回陽。也有外籍醫師為民眾治療鴉片煙癮，當時盛行的治療法（包括中西醫）是將鴉片與補藥混和製成藥劑，讓病人服用，再漸漸減少鴉片的量。

日治初期，總督府調查指出：臺灣民間流傳著如「參貝木棉戒煙丸」、「參茸戒煙丸」等五十餘種戒煙丸散，其中有些製劑中就有鴉片成分。

按現在醫學的解釋：吸食鴉片後，最典型感覺是興奮與快感，無法集中精神，會產生幻覺，長期使用後停藥，會渴求藥物、不安、流淚、流汗、流鼻水、易怒、發抖、惡寒、打冷顫、厭食、腹瀉、身體蜷曲、抽筋等，一旦成癮很難戒治。依照現代的毒品分級，鴉片和海洛因、古柯鹼等都屬於一級毒品，對人體的危害大於第二級毒品如安非他命、大麻等。

在醫學專業術語中，「癮」是一種身體依賴於某種物質才能正常運轉的狀態，成癮的三個階段是從基本需要缺乏、發展出負向的症狀到成癮，而戒癮過程中，身心往往會發生強烈的反應，因此要戒掉煙癮並非一件容易的事。

臺灣戒治吸食鴉片的毒癮，必須歸功於臺灣第一位醫學博士杜聰明，他在一九二八年著手研究鴉片，兩年後實際負責鴉片矯治機構「臺北更生院」，日本投降一年後，他完成最後一位煙癮者的戒除治療（一九四六年六月），才解決臺灣長達三百多年的鴉片煙害問題。

晚清負責治臺官員表

姓名	職銜	任職時間	駐臺時間
沈葆楨	欽差辦理臺灣等處海防兼理各國事務大臣（原職船政大臣）	1874年5月2日～1875年5月30日	1874年6月17日～1875年1月31日；同年2月18日～8月22日
王凱泰	福建巡撫	1870年8月18日～1875年11月20日	1875年6月20日～11月8日（因病回），11月20日去世
丁日昌	福建巡撫	1875年12月11日～1878年5月7日	1877年1月2日～約4月底5月初，病假回鄉調理，不再復出。1878年5月7日正式退休
吳贊誠	船政大臣（暫行接辦臺防）	1877年5月8日～1878年5月8日	1877年6月6日～9月1日
	署福建巡撫（本職船政大臣）	1878年5月8日～1878年11月16日	1878年9月26日～12月8日。後因病留辦船政
裕寬	福建巡撫	1878年11月16日～1879年2月14日	未到任（改調廣東巡撫）
李明墀	署福建巡撫（本職福建布政使）	1878年11月16日～1879年5月23日	未來臺（調升湖南巡撫）
勒方錡	福建巡撫	1879年6月19日～1881年5月5日	1880年11月22日～1881年1月
岑毓英	福建巡撫	1881年5月5日～1882年6月22日	1881年9月6日～10月25日；同年12月28日～1882年4月28日

姓名	職銜	任職時間	駐臺時間
張兆棟	福建巡撫	1882年6月22日～ 1884年10月29日	曾來臺巡閱
劉銘傳	巡撫銜督辦臺灣事務	1884年6月26日～ 1884年10月29日	1884年7月16日抵臺，駐臺督辦臺灣事務
	福建巡撫	1884年10月29日～ 1885年10月12日	1885年10月12日懿旨：福建巡撫改為臺灣巡撫，福建巡撫事，閩浙總督兼管，一切改設事宜該督詳細籌議
	福建臺灣巡撫	1885年10月12日～ 1891年5月5日	1885年11月18日諭：臺灣雖設行省，必須與福建聯成一氣如甘肅、新疆之制
	福建臺灣巡撫幫辦海軍事務	1890年4月20日～ 1891年5月5日	
邵友濂	福建臺灣巡撫	1891年5月9日～ 1894年10月13日	駐臺 1894年10月13日調署湖南巡撫
唐景崧	福建臺灣巡撫（本職福建臺灣布政使）	1894年10月13日～ 1895年4月17日	駐臺 1895年4月17日訂《馬關條約》，5月20日將唐景崧開缺，令來京陛覲，並令文武各員，陸續內渡

（本表主要參考張世賢《晚清治臺政策》，臺北，臺灣商務印書館，一九七八年六月初版，頁二一六至二一八）

大事記

1624 ■荷蘭統治臺灣後，鴉片混著菸草放在菸斗的吸食法傳入臺灣

1683 ■臺灣納入清朝版圖，福建和廣東移民更帶入吸食鴉片習慣

1721 ■藍鼎元發現臺灣人吸食鴉片的問題非常嚴重

1729 ■《大清律例》增訂對鴉片的禁令

1755 ■乾隆皇帝頒布禁令，將鴉片販賣權限歸於朝廷

1796 ■嘉慶皇帝下令禁止從海外進口鴉片

1813 ■嘉慶皇帝基於鴉片走私嚴重，頒布《吸食鴉片治罪條例》

1833 ■林則徐擔任江蘇巡撫，嘗試搭配戒煙丸來治療

1839 ■中國歷史上首次對鴉片發出「嚴禁論」

1840-1842 ■鴉片戰爭後簽訂《南京條約》

1854 ■中國人對鴉片上癮開始有所認知

1856-1860 ■英法聯軍後簽訂《天津條約》

1881 ■劉璈和劉銘傳都只著力於徵收鴉片稅金

1883 ■清、法之間因越南歸屬問題開戰

1885 ■臺灣建省

1895 ■臺灣民主國成立，擁立臺灣巡撫唐景崧擔任大總統

1928 ■杜聰明著手研究鴉片，負責矯治機構「臺北更生院」

1946 ■六月，最後一位煙癮者完成戒除治療

3

近代日本何時開始覬覦臺灣？

你以為：一八九五年中日簽訂《馬關條約》才把臺灣割讓給日本

事實是：在此之前，日本人已覬覦臺灣二十一年

清朝廷在甲午戰爭（一八九五年）失敗後，在日本要求下，將臺灣割讓給日本，是臺灣史上關鍵的一年。其實早在二十一年前的牡丹社事件（圖1、2、3），日本人就已展露出要奪取臺灣的野心。

臺灣原住民一向有搶劫觸礁的外國船隻的習慣，而兩起漂流船難卻被日本人拿來做為藉口，發動了牡丹社事件。

這兩起漂流船難：

一是牡丹社事件發生前三年的十月，有兩艘石垣島八重山船與兩艘琉球宮古島船對琉

圖1 牡丹社事件相關地區位置圖

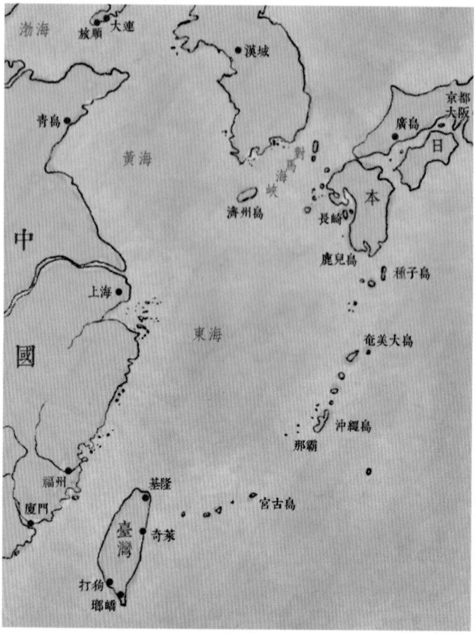

圖2 瑯嶠十八社位置圖

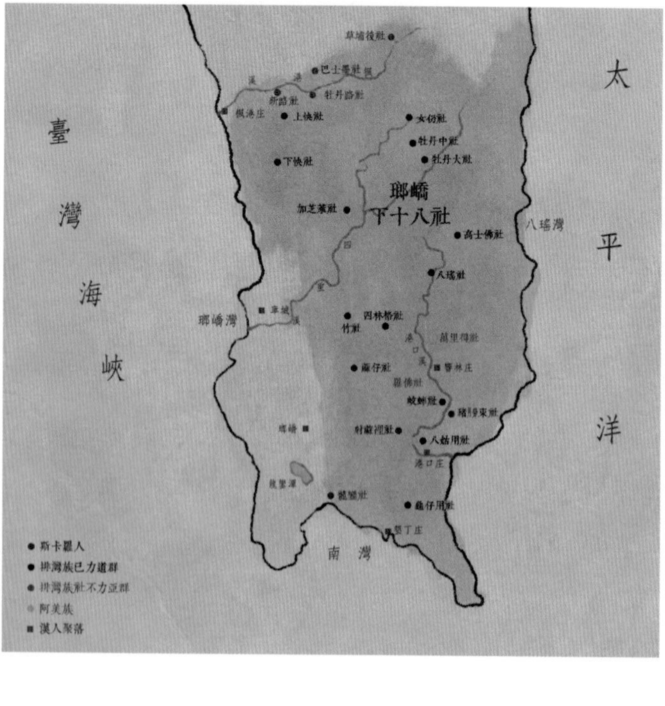

圖3 一八七四年牡丹社事件圖

圖4　八瑤灣

位於今屏東縣滿州鄉九棚的八瑤灣一帶，是清末原住民與漢人的交界處，也是引發牡丹社事件的開端。（劉廣平先生提供）

球王國年度進貢之後，返航途中遭遇暴風雨，四艘船中，有一艘八重山船漂流到臺灣（臺南），另一艘宮古島船漂流到恆春半島南端的八瑤灣（今屏東滿州九棚一帶）（圖4），是原住民番界處。

躲過暴風雨襲擊，倖存上岸的六十六個琉球民，因語言、文化上的誤解，有五十四人被高士佛社的排灣族原住民殺害，其中多數是宮古島官員，還有幾位士族與商人。生還的十二個琉球民被漢人楊友旺（圖5）營救後到達鳳山縣衙門，再被護送到福建福州琉球館；隔年年中，距離遇難八個月後，被送回琉球首府那霸。楊友旺還將被殺害者的屍首安葬於今屏東車城統埔村，即「大日本琉球藩民五十四名墓」（圖6）。

圖5　楊友旺像

協助倖存的十二位琉球宮古島民返回琉球，並將死難者安葬的保力庄主楊友旺，一八七五年獲清朝官府頒授六品功牌，獲救的琉球島民共同商議後，贈送楊家二百金以作酬謝，但聽說中途被清朝官吏納入私囊了。（博揚文化提供）

圖6　大日本琉球藩民五十四名墓

當年楊友旺安葬琉球島民的墓，至今仍矗立於屏東縣車城鄉統埔村。（劉廣平先生提供）

二是牡丹社事件前一年的三月，又有日本船家佐藤利八等四人，前往如今日本和歌山縣附近買賣的回程遭遇暴風雨，漂流到臺灣東岸馬武窟（今臺東縣馬武窟東河鄉都蘭村），附近，上岸後衣物慘遭原住民掠奪。後來被一位漢人所救，經由海路抵達打狗港（高雄港），隨後到臺灣府，見到日本駐廈門領事，獲得金錢資助後，從打狗搭乘火輪船離開臺灣，四個多月後到達上海的日本領事館。

十九世紀歐美各國船隻行經臺灣附近時，若遇上颱風經常脫離航道，船上的人漂流上岸後，可能因誤會或衝突而被當地原住民殺害。這兩起臺灣東南端的漂流船難事件發生後，當時的國際媒體如《紐約時報》(*New York Times*)、在上海發行的《北華捷報》(*North China Herald*)、《東洋公報》(*Japan Gazette*) 都以「被臺灣原住民吞食了」的恐怖口氣來描述那些船難受難者的結局，可見歐美人士對臺灣原住民有很深的恐懼與誤解。

更令歐美人困擾的是，當他們要求清朝廷出面解決時，交涉過程始終不得要領。清朝統治臺灣以來，對於原住民採設「土牛」[1]策略，以封山禁絕的方式，將原住民居住地視為「化外之地」，是清朝廷統治權所不能及的地方。發生國際漂流船難事件時，受難者理當要找名義上的管轄國理論，清朝廷總是以「化外之地、化外之民」為由，推諉責任。

再回頭看當時日本的國家情勢，經過長達七百年的幕府統治時代，因無力回應西方國家海洋勢力的衝擊，德川幕府開始實行鎖國政策，直到一八五三年被美國軍艦強迫開港，並與美國及英、俄、法、荷等國簽訂類似「親善」、「友好」等不平等條約；於是有一批改革派武士挺身反對幕府統治，將權力回歸睦仁天皇，取年號為明治（一八六八年）[2]，又稱明治天皇。

明治天皇發表〈五條誓文〉[3]，其中有著名的「求知識於世界」宣示；同時親筆題詔書：「開拓萬里波濤，布國威於四方。」成為日本對外政策的主導思想。

明治政府成立三年後，派遣了幾乎是「半個政府」的使節團，再加上六十位留學生的上百人團隊，前往歐美考察。使節團包括全權大使右大臣岩倉具視，四位副使則是參議木戶孝允、財務大臣大久保利通、工業部長伊藤博文、外交部副部長（外務少輔）山口尚芳等四十六名官員。

當年底日本人搭上美國輪船，從橫濱出發奔赴美國和歐洲，為了交涉修改不平等條約、考察各國情況、學習治國經驗和各種專長，二十二個月內先後訪問了美、英、法等十二個國家。回國後編輯長達一百卷、共二千一百一十頁的《美歐回覽實記》，於一八七八年出版。

使節團此行雖然無法達成修改條約的目的，但收穫豐富，特別是對普魯士 (Prussia) 由小變大、由弱變強的經驗尤感興趣。「鐵血宰相」俾斯麥 (Otto Von Bismarck) 所說的「方今世界各國，表面上是親睦禮儀的外交，實質上是強弱相欺」，「大國無不以其國力來實現其權力」等言論，使日本認知在當時國際環境中，以實力求強權才是唯一出路。

考察後的木戶孝允等人提出「文明開化」、「殖產興業」、「富國強兵」三大政策，作為日本發展的總方針；其中「富國強兵」是建國總目標，看到近代西方列強崛起的「成功經驗」，日本政府也決定以強大的軍事力量為後盾，透過掠奪他國財富，實現本國富強。

隨著軍事實力的日益增強，日本逐漸向周邊鄰國展開侵略擴張的「富國之路」。過程中卻引發日本國內危機，於是日本人透過征臺之役（牡丹社事件），以轉換內部危機。

早在明治維新後，日本藉新成立政府的名目，向朝鮮提出建交，當時朝鮮只認清朝為皇帝，因日本國書中有「大日本皇帝」五字，朝鮮拒絕接受，日本的「征韓論」開始沸騰，當時主張最力的是木戶孝允。但兩年後，未出國考察留守維新政府的參議西鄉隆盛等人再度提出時，剛考察回國的木戶孝允，以及岩倉具視、大久保利通等人卻認為應以內政為重。因為日本對征韓沒有勝算，如果未經國際協調而發動「征韓」，可能誘發對俄戰爭。

明治政府在富國強兵的方針下，頒布了「徵兵令」，下級武士正式被宣告失去軍權。西鄉隆盛主張征韓的目的是要為失勢的武士找出路，他的提議被否決後，憤而辭職，返回九州薩摩（今鹿兒島縣一帶），建立了「私學校」傳揚武士道，而舊武士的勢力則成了明治政府不穩定的亂源。

就在此時，琉球人在臺灣被原住民殺害的消息傳到日本，日本薩摩藩[4]人一向以琉球王國監督者自居[5]，屬於舊薩摩藩士族的樺山資紀、西鄉隆盛，以及他的弟弟西鄉從道（圖7），

圖7　征臺軍主將西鄉從道（博揚文化提供）

都極力主張對臺灣出兵。日本政府考慮到出兵可以緩和舊武士對內政的不滿，出征臺灣的呼聲相當高。

十九世紀的世界強權國家——英國卻擔心日本和清朝廷的紛爭會造成東亞地區局勢不穩定，影響英國商民在東亞的經濟利益。美國當然也不樂見發生戰事，前美國駐廈門領事李仙得（Charles W. Le Gendre）[6]曾以「和平談判」方式，解決了美籍漂流船羅發號（Rover）事件[7]。李仙得正好辭職要回國途中經過日本橫濱，美國駐日公使德隆（Delong）將李仙得介紹給日本外務卿副島種臣，希望防止日本出兵。沒想到雙方幾度相談之後，李仙得被聘為日本外務省外籍顧問，不但讓日本下定決心要出兵，甚至準備攻占臺灣。怎麼會這樣呢？

號稱「中國通」及「臺灣通」的李仙得在處理羅發號事件的過程中，發現臺灣島上有代表漢人的清朝廷，以及代表原住民的頭目兩個政權，他提出「番地無主論」(non-territory)，也就是原住民的活動空間不隸屬於任何政權，還出版了《臺灣番地所屬論》質疑清朝廷對臺灣的主權問題。

李仙得曾在臺灣環島旅行之後，寫了一本《李氏臺灣紀行》[8]，書中清楚介紹十九世紀臺灣的風土人文，並對「日本若想擁有臺灣原住民土地所有權，是否於理有據」提出了看法。這本書被譯成日文版傳世，李仙得對臺灣主權的認知成為日後日本出兵臺灣的重要理論依據。

李仙得認為清朝廷雖然擁有臺灣，但早已放棄原住民居住地；要前往原住民居住地還必須申請護照，上面記著「臺番之地，乃政府權限之外的區域」，而且申請護照的單位是由駐守打狗或臺灣府領事代為辦理。

更認為既然清朝廷不願處理對船難漂流者逞凶的原住民，最好由日本來承擔。因為臺灣島位於宮古島附近，地理位置相當靠近日本，如果由其他強權來占領，對日本不是好事；若由日本占領臺灣，則不會對其他強權造成威脅。若是日本不願意，假以時日，英、美強權也會進入臺灣懲戒逞凶的原住民。

他的認知來自當時清朝廷在臺灣設立的官方機構最南只管轄到枋寮，枋寮以南，甚至東岸宜蘭以南的後山都是「無主地」。

李仙得與副島種臣經過幾次沙盤推演完成的《李仙得備忘錄》[9]中提到：「善用琉球人遇難事件，並趁清朝廷內政混亂之機……是一舉將臺灣、澎湖據為己有的重要時機。」後來日本在出兵臺灣問題上，始終遵循這份備忘錄的共識，也算是給明治政府對外交涉與海外出兵的政策打了一劑強心針。

日本出兵臺灣的策略底定之後，美國駐日公使德隆卻被調離，新任公使賓漢 (John A. Bingham) 的態度與英國一致，禁止任何美籍船隻與美國人參與日本遠征臺灣，因此李仙得無法隨日軍前往臺灣，加上之前日本曾鎖國兩百多年，海軍船艦與運輸能力都不足，要出兵臺灣，必須向歐美租借商船以載運將士，但借不到歐美的商船，對征臺軍的派遣有相當大的困難。

即便如此，還是阻擋不了日本的出征行動。日本政府隨即添購社寮丸、高砂丸兩艘船，升西鄉從道為中將，並任命他為臺灣番地事務局都督，率領三千餘名官兵攻打臺灣南部原住民部落，藉此安撫反抗明治政府勢力最強的薩摩藩士族。

雖然內務大臣大久保利通等官員受到歐美的壓力，緊急通知在長崎的西鄉從道暫停出

圖8 瑯嶠灣
今屏東縣車城鄉射寮村後灣一帶。（劉廣平先生提供）

圖9 溯四重溪而上

圖10 石門古戰場

兵，但為時已晚，征臺軍隊已在一八七四年五月二日浩浩蕩蕩出發了。

五天後，日軍登陸瑯嶠灣（圖8），派一位海軍少將帶著幾名士官與翻譯到網砂（今屏東縣恆春鎮）向小麻里社酋長依薩（Yisa）致意，進行溝通。依薩允許日本軍的小船可以自由在海岸邊進行測量，不過堅持不讓日本人上岸。

雙方雖有初步協議，但到了十八日，日本軍為了躲避洪水，溯四重溪而上（圖9），尋找布營的高地，卻受到原住民突襲，即為「石門戰役」（圖10、11、12），算是牡丹社事件的第一場戰役。

二十一、二十二日兩天又發生衝突，日方割了十二個原住民的頭（據說包括牡丹社頭目阿祿父子的首級，不過當時日本軍似乎不知他們的身分）；日方也折損了十四人，其中一

圖11 石門古戰場今貌

左方為今牡丹鄉拱門。

圖12 西鄉從道紀念碑

本碑位於屏東縣車城鄉四重溪石門昔日戰場所在，原於一九三六年所建，其上「澄清海宇，還我河山」等八字係一九五三年由屏東首任縣長張山鐘改作。

圖13● 保護旗
（博揚文化提供）

名伍長的頭還被原住民割下帶走。

到了月底，瑯嶠十八社大頭目周勞束酋長的胞弟率領小麻里社、蚊蟀社、龍蘭社、加知來社等社酋長，跟隨社寮的頭人米亞(Miya)，手捧牛、雞向日方表示友好。

日方表示此一攻擊事件違反日本與依薩的約定，原住民辯稱是「遊獵野鳥的兒童所為」造成的失誤。日方再度表達征討的對象是當年「琉球宮古島船民漂流遇害事件」肇事的牡丹社和高士佛社，對於不相關者則賜給日本旗號予以保護（圖13）。這種區分敵我的方式，應是之前李仙得所指導。

小麻里社酋長依薩緊接著承諾：允許日方人員在此島南部的任一地方自由上岸，由此可見清朝對此處的確沒有管轄權。

六月二日，日本遠征軍發動了牡丹社事件第二役——兵分三路從風港（今楓港）、石門、竹社口三處，

圖14 牡丹社事件時，西鄉從道、幕僚及臺灣原住民合照

照片中央側著臉的就是西鄉從道，前排斜躺的就是水野遵，擔任日軍翻譯。當時談判都是先譯成中文，再由坐在西鄉從道右邊的翻譯員翻譯成排灣語。（國立臺灣博物館提供）

圖15 石門石碑

碑文記載：一八七四年（同治十三年）四月派兵於瑯嶠社寮港（今車城鄉射寮）登陸，以精銳武器裝備攻打，所到之處極盡燒殺，後因七社不克強敵降附，唯有牡丹社不屈外侮未降，遂再進軍，劇戰於石門要隘，我原住民誓死抗敵戰，伐木塞或崩矮崖斷路，或埋伏叢林與日軍肉搏，由於弓箭難敵槍炮，最後頭目阿祿父子等三十餘人犧牲成仁。

對尚未表示議和意願的牡丹社進行攻擊，三路軍團最後在牡丹社會合，再一起回瑯嶠本營。

日軍在作戰過程中，一直遭到原住民的零星襲擊，但都不見原住民蹤影，因山路險阻導致補給糧食運送不易，日本軍團經常陷入饑餓狀態。

三路攻擊作戰計畫結束之後，七月一日周勞束酋長率領牡丹社、爾乃社、高士佛社、蚊蟀社、傀仔角社、小麻里社等六社酋長及原住民共七十餘人，前往保力庄楊天保家中，與日方人員見面議和。

日方代表要求說明先前殺害琉球難民，及日本軍在四重溪遭狙擊等事件的理由。牡丹社頭目回答：他們將漂難的琉球人誤當成仇敵清朝人；而在四重溪時，受到前任頭目阿祿父子的命令誤導，以為日本軍要把番社全部剿滅。同時表示在他的領導下，往後不會再發生類似事件了。原住民的答辯相當靈活，雙方因此達成和解（圖14）。

如今屏東縣牡丹鄉石門附近的紀念石碑（圖15）碑文記載著這次戰役，內容是日本攻打臺灣原住民，原住民因「弓箭難敵槍炮」而犧牲成仁的可歌可泣故事。學者林呈蓉則認為：整個戰役過程根本就是一場「迷糊仗」[10]。

嚴格來講，日本在牡丹社事件中名義上是懲戒逞凶的原住民，然而實際正面衝突的戰鬥場面極少，日本人攻臺的兩個月內，大部分時間都在和原住民進行口頭議和。

對日本而言，牡丹社事件累積了多樣的臺灣經驗——

自古以來，南來北往的船隻無論主動或被動，經常有機會在臺灣港口停靠，臺灣原住民對外國人在島上進進出出早習以為常。原住民看重的是實力，常透過偷襲外來者來探知對方的強弱，再以議和來選擇對自己最有利的結果，創造雙贏的機會。

原住民透過議和，釐清雙方問題，找到化解危機的方法後，便熱情邀約日方前往部落作客。這段與原住民相處的經驗，影響了後來日本統治臺灣時期的原住民政策。

這是明治政府初次海外征討，也是近代日本新聞媒體報導戰地消息的初次經驗。《東京日日新聞》記者岸田吟香跟隨軍隊登陸臺灣進行採訪報導，成為日本歷史上首位戰地記者。由於臺灣原住民大多與日軍沒有正面衝突，沒什麼戰爭新聞可作為報導題材，岸田因此報導了臺灣島上特

圖16● 日本好兄弟墓碑

牡丹社事件是一場日本軍隊與臺灣風土病之戰，一旦罹患，或瀉肚子，或全身浮腫，死亡者不少。當時在地人為病亡日軍將士建立「日本好兄弟」墓碑，原本位於屏東縣楓港，但連當地人都不知現在何處了。（博揚文化提供）

殊的風土人情，引起日本讀者的好奇心。《東京日日新聞》當時的發行量增加了一・五倍，臺灣成為當時日本社會輿論的焦點。

此事件更是日本人初次瞭解臺灣衛生環境的寶貴經驗，日軍與臺灣的風土病對抗（圖16），讓日本軍隊衛生管理與軍醫制度在海外征討中有機會牛刀小試，也為日後占領臺灣面對的衛生環境預做了心理準備。

早在牡丹社事件發生之前，李鴻章就曾寫信給總理衙門提醒「日本可能出兵臺灣」，清朝廷卻毫無防備；其間雖也陸續有洋人[11]向清朝廷詢問日本出兵事宜，清朝廷只查證消息真實與否，並沒有積極對策。臺灣的地方官更是沒有警覺性，如樺山資紀少佐、水野遵翻譯官等，早就被派來臺灣視察，還向駐守枋寮[12]的巡檢王懋功借地圖描畫；臺灣道夏獻綸在打狗關稅務司英籍的愛格爾（Henry Edgar）向他告知《香港新報》載有日本企圖對臺用兵的消息時，竟然表示：牡丹社屬於番界，很難禁止日本自行前往征討。

直到日軍已登陸瑯嶠灣，閩浙總督李鶴年才收到西鄉從道委託日本駐廈門領事帶來的出兵通告書，他立即發函給日本的臺灣遠征軍，表明琉球與臺灣同屬清朝，日本的出兵行為違反了《清日修好條約》中「領土相互不侵犯約定」，要求日本撤兵。

然而，李鶴年派遣攜帶信函的使臣搭船抵達瑯嶠灣時，根本沒有下船，只以書面向日方表達「臺灣島乃清朝廷的管轄地，豈有讓日本軍兵肆意上陸之理」的抗議之詞。

等到日本軍分三路進擊牡丹社，情勢平穩之後，清朝廷特使沈葆楨[13]才率領船艦前往瑯嶠與西鄉從道會面。令人意外的是，沈葆楨不但沒有抗議，見面的第一句話竟是表達「無法共同參與掃蕩逞凶原住民」的遺憾。

沈葆楨回到臺灣府之後開設了臺地事務衙門，招募兵丁，等待來自北京的號令，同時在各地貼上告示，說明日軍來臺的原因，並宣稱清朝廷已與日方接洽，不會傷及無辜，同時表示臺灣南部歸清朝管轄。

其實日本內閣在當年七月就決議，為實行軍國政策，將要對中國開戰。因此，九月中旬，為牡丹社事件派出內務卿大久保利通為全權辦理大臣前往北京談判時，大久保利通遂以不惜一戰為後盾，斷然拒絕從臺灣撤軍。另一方面又努力與在中國的英、法公使等親近往來，以影響國際輿論。

雙方會談中爭議的焦點在於清朝廷認為原住民地屬於大清朝，但日方則認為是「無主蠻地」，根據國際法，清朝的行政權不及於原住民地。雙方歷經七次會談，仍沒有共識。

英國駐清公使威妥瑪（Thomas Francis Wade）鑑於在中國有兩百多家英國商社與一年超過四億英鎊的貿易利潤，於是出面斡旋。十月三十一日雙方簽定《北京專約》，條約重點是：清朝廷必須承認日本出兵臺灣是「保民義舉」；清朝廷提出五十萬兩為賠償金；今後清朝廷應該設法保護航海民的安全，並保證原住民禍害事件不會再發生；日本同意在十二月二十

圖17 億載金城
古稱為「安平大砲臺」或「二鯤鯓砲臺」，一八七四年牡丹社事件後，沈葆楨先抵達安平，認為應建立大砲臺以保衛府城。兩年後，由法國工程師設計的西式砲臺完成，也是全臺第一座配備英國阿姆斯壯大砲的砲臺。（位於臺南）

日以前撤兵。

這個協議結果令當時英國駐日公使巴夏禮(Harry Smith Parkes)非常訝異，他在寄給朋友的信中寫著：「沒想到被侵略的清朝廷竟然還得付賠償金！」一位旅居中國的英國人更指出：「牡丹社事件的處理方式等於向全世界宣告：這裡有個富饒的帝國將隨時自動支付賠款而絕不進行戰爭，中國命運的確是結束了。」

雖然牡丹社事件後，清朝廷體認到臺灣的重要性，改變了對臺灣的經營方針，派遣沈葆楨來臺，才有了「億載金城」（圖17）、「恆春古城」

（18、19、20、21）、「鵝鑾鼻燈塔」（圖22）、旗後砲臺（圖23）等建設。十年後中法戰爭發生時，又派了劉銘傳來臺，接著就是一八八五年的建省。

但是日本除了軍部派間諜持續偵查外，更在福州、廈門等地設置領事館負責蒐集臺灣的情報；中法戰爭期間，派遣小澤豁郎、黑田清隆等軍人來觀戰，並視察被法軍封鎖的臺灣淡水、基隆；直到甲午戰前，更有為數不少的日本人在臺灣及福建等地活動及蒐集情報。

因此，《馬關條約》的簽訂造成臺灣被割讓給日本的結果，其實早就在日本的計畫及掌控中了。

圖18 恆春古城南門

圖19 恆春古城北門
牡丹社事件後，沈葆楨為加強海防，修築了城牆以及東、西、南、北四座城門，城門上有砲臺，城牆外有壕溝，是臺灣唯一為了軍事防禦所建築的城池，也是目前保留得最完整的古代城池。（位於屏東恆春）

圖20 恆春古城東門

圖21 恆春古城西門

圖22　鵝鑾鼻燈塔
（位於屏東恆春鵝鑾鼻）

圖23　旗後砲臺
砲臺門楣原為「威震天南」四字，一八九四年遭日艦擊毀。（位於高雄旗津）

附註

1. 土牛：清朝區隔漢人與原住民的人為界線。因設置作為界線的土堆形狀如臥牛，所以稱為土牛，沿著土牛的深溝稱為土牛溝。清朝治理臺灣，為防範漢人越界開墾、侵奪或窩藏於番地，並使生番不能出山危害漢人，在康熙末年制訂分疆劃界的策略。

2. 「明治」取自中國《易經》：「聖人南面聽天下，向明而治。」

3. 一八六八年四月六日，睦仁天皇率公卿百官在京都御所的紫宸殿祭祀天地眾神，以神前宣誓的形式發表了〈五條誓文〉：「廣興會議，萬機決於公論；上下一心，大展經綸；官武一途，以至庶民，須使各遂其志，人心不倦；破歷來之陋習，立基於天地之公道；求知識於世界，大振皇基。」作為新政府的開國宣言，〈五條誓文〉昭示了推行公議政治、開明進取的施政綱領和方針。

4. 薩摩藩為日本江戶時代藩屬地，位於九州西南部，領地包含今鹿兒島縣全域（含奄美群島）與宮崎縣西南部。德川幕府之前，這裡是薩摩國、大隅國和部分日向國屬地，關原之戰後成立薩摩藩。幕府末期薩摩藩等強藩組成倒幕聯盟，主張廢除幕府，還政於天皇。明治天皇掌握政權之後，日本內閣的大多數閣員均出身於長州藩和薩摩藩。

5. 琉球本島於一四二九年成立琉球王國，日本九州薩摩藩於一六〇九年占領了琉球群島，琉球王國遂成其附庸。

6. 當時活躍於中國地區的歐美人士都有漢文名字，法裔美國人李仙得從一八六六年就任美國駐廈門領事之後，取了「李仙得」、「李禮讓」、「李善得」等漢文名字。

7. 一八六七年三月美籍漂流船引起了羅發號事件，全船十四人之中，十三人被臺灣原住民所殺，僅一名廣東籍廚師逃離，隨後抵打狗，向有關衙門報告慘案。時任美國駐廈門領事的李仙得求助清朝廷無效的情況下，毅然決定直接與臺灣原住民頭目，以及瑯嶠十八社大酋長卓杞篤(Tauketok)見面會談，雙方建立了共識，原住民同意日後對船難漂流船將施以救援，並締結了船難救助約定。

8. 英文書名為《*Foreign Adventurers and the Aborigines of Southern Taiwan, 1867-1874*》，臺灣有出版中譯本《南臺灣踏查手記》，臺北，前衛出版社，二〇一二年十一月。

9. 《李仙得備忘錄》共五條：

(1)強調由於清朝廷在原住民事件上輕忽怠慢，原住民地區遲早會落入歐美強權的手中。為了防範這種事態發生，在不得已的情況下，日本有必要出手保護這裡的區域安全。

(2)若提議被清朝廷拒絕時，預設一套軍事作戰計畫。

(3)提出占領原住民區域的具體策略。

(4)日本領有臺灣決策建構理論基礎。從戰略要地的角度觀察，日本在東亞的稱霸過程中，取得朝鮮、臺灣與澎湖絕對有其必要性。因此善用琉球人遇難事件，並趁清朝廷內政混亂之機，勢必對日本的占領行為無法有效遏阻，是一舉將臺灣、澎湖據為己有的重要時機。另一方面，英、俄之間的對立日益白熱化，彼此都不願意看到對方占有臺灣，因此最後終將會默認「中立」日本的占領行為。

(5)試行了上述幾項策略之後，日本外務卿大臣再以欽差大臣身分前往北京，進行日、清之間的交涉談判。

10. 林呈蓉說：碑文中提到的牡丹社頭目阿祿父子早在日本軍登陸後不久，在石門襲擊日本軍的戰役中便犧牲了，即使當時阿祿父子的首級被日本將士馘取下來，日軍仍不知道頭目父子也在死者當中，直到後來牡丹社主動前來議和，才知道整個事件的

4 臺北如何變成臺灣的政經重心？

你以為：臺北一直是臺灣的政治及經濟重心
事實是：原本臺南才是政經重心，是劉銘傳改變了臺北的命運

如今的臺北雖是臺灣的政經重心，其實在四百多年的臺灣史裡，臺北的地位直到一百五十年前才開始後來居上。

十七世紀末康熙年間，已有漢人移民臺灣北部開拓；十九世紀初嘉慶年間，也有漢人前往東北部的宜蘭拓墾；但直到淡水開港（一八六〇年）初期，來臺的外國人仍覺得北部人口少、資金少、商業經濟不發達。

荷蘭人來臺時（一六二四年）進駐臺南安平，明鄭時期臺灣人的生活區域仍以南部為主。至清朝統治時期，兩岸的區域分工是大陸將生活必需品和建築材料出口到臺灣；臺灣的

米、糖則輸出到大陸各地。臺灣中南部平原較多，自然成為米、糖的生產中心及經濟重心；臺灣北部多山，只有臺北至新竹之間狹長的海岸平原及臺北盆地、宜蘭平原能生產米、糖。

臺北開始發展的第一個關鍵是淡水開港。

《南京條約》（一八四二年）簽訂後，英、美船隻常航行經過臺灣海峽，並派人來臺灣探勘。先是發現臺灣出產航海所需的煤礦，英國人曾兩度向福建、廣東地方官員要求採購臺灣基隆的煤礦，都被拒絕。此外，臺灣位居貿易航線要點，以及在臺灣海峽航行船隻的安全等因素，也是英、美開始留意並重視臺灣的重要因素。

而在淡水開港前四年，就已經有四十五艘不同國籍的船隻進入淡水港，共輸運約一萬噸糖、米、樟腦等貨物。可見在外國人眼中，臺灣是具有潛力的市場，因此都想爭取讓私下的貿易合法公開化。

《天津條約》[1]簽約談判時（一八五八年），就要求「臺灣」開港通商，當時簽約各國並不清楚，以為「臺灣府」（今臺南安平港）就是指「臺灣全島」。唯有法國除了「臺灣」，特別指定要「淡水」[2]；其他各國則按「最惠國條款」，可同享利益。

當時北京官員也不熟悉臺灣，並不理解為何要特別指定淡水；只有福建官員較為了解臺灣的淡水港口接近大洋，可讓商船停泊，加上上游的艋舺（今臺北萬華）是商販集中的地方，適合開市通商，設立海關收稅；更重要的是，基於傳統「非我族類，其心必異」的偏見，

圖1　英國駐臺副領事郇和像
郇和早在一八五八年就因傳說有些歐洲人在臺灣開採硫磺礦，特地前來搜尋而遊遍臺灣，因對臺灣熟悉，才被任命為臺灣副領事。（攝於淡水英國領事館）

圖2　郇和簽名
（攝於淡水英國領事館）

當時臺灣政治重心在南部，若開放北部的淡水作為通商口岸，則可減少中西官員的接觸往來。兩年後，清朝廷批准了安平、淡水的開港[3]。

決定開港地之後，簽約各國即可派任領事，並設置領事館，清朝廷設立海關收稅，並隨即派福建省官員來臺。當時美國最先積極爭取臺灣開港通商，卻遲遲未派領事前來辦理設立海關等事務[4]，倒是英國駐臺副領事郇和（Robert Swinhoe）（圖1、2）先來，他在淡水開港的隔年七月抵達臺南安平，發現當地秩序紊亂，官員無法維持治安，且衛生不佳。急於拓展貿易的英商認為安平港海口淤塞，不便外籍輪船停泊；相對的，北部淡水因附近產樟腦，又日漸成為運

煤、米的商船出入港口，遲早會成為重要的貿易中心。既然淡水港船舶往來頻繁，即有必要設領事以維護法治，年底，郇和就決定移駐淡水。

被派來臺的福建官員於是到淡水籌辦淡水海關，並建造海關碼頭。不久，英國人更爭取艋舺、大稻埕作為淡水內港，將「淡水口岸」定義為淡水河流域（圖3）。

圖3　淡水河系流域圖

圖4　淡水海關碼頭今貌
淡水海關碼頭（位於紅毛城對面）是淡水河口港，又稱淡水港，曾為臺灣三大商港之一。因地理位置重要，所以在此設通商貿易港，原是滬尾水師守備營所築碼頭區，當年位置於今紅毛城前方河邊，目前屬財政部基隆關稅局所有。一八六二年七月十八日海關碼頭完成，外籍貨輪開始入港，海關同步展開運作，正式收取進口貨物關稅。

淡水開港兩年後海關碼頭（圖4）完成，隨著外籍貨輪開始入港，淡水正式成為對外通商及設置領事（圖5、6）、設關徵收進口貨物稅的港口，這正是臺灣北部開始發展的關鍵契機。

安平和淡水正式開港貿易後，各國商船不絕於途。但因北部茶業尚未興起，南部的商業活動仍然比北部蓬勃，貿易額更是北部的兩倍。外國商船經常停靠安平、打狗。至於北部，除了淡水，也會停泊在雞籠，清朝廷只好開放

圖5　淡水英國領事館（紅毛城）

紅毛城最早是西班牙人於一六二八年所建，稱為聖多明哥城；一六四二年，荷蘭人趕走西班牙人，興建安東尼堡，即紅毛城；明鄭時期將此做為糧倉；一七二四年，清朝廷加以整修並增建四個城門。英國駐臺副領事郇和於一八六一年七月抵達臺南安平，年底決定移駐淡水；但因南部的商業活動仍比北部蓬勃，淡水離臺灣府較遠，與官吏交涉不便，一八六四年，郇和將領事館遷回南部，淡水改成辦事處。後因北部的茶葉及樟腦輸出正盛，港口貿易額直線上升。英國於一八六七年與清朝廷訂立《紅毛城永久租約》，第二年將領事館辦事處設在紅毛城內。後因領事館的功能很大，除了一般國際事務外，還兼海關事務及經濟情報蒐集工作；一九八〇年，該城產權才轉到中華民國政府手中。

圖6　淡水領事館官邸

原先相關人員皆居住在紅毛城內。一八八四年中法戰爭結束後，臺灣北部茶和樟腦輸出量激增，淡水港貿易額隨之提高。英國為拓展商務，遂於一八九一年在淡水英國領事館旁增建此官邸。

圖7　**赫德 (Robert Hart)**

晚清時期的中國海關稅務司、副稅務司等高層職務大多由外籍客卿出任，尤以和赫德同屬英國籍的客卿占最多數。這群外來客卿既以完備制度協助清朝廷管理關務，也藉由管理關務的過程涉入其他朝政，以保護英國的利益。（攝於安徽合肥李鴻章故居）

圖8　**淡水關稅務司官邸**

淡水海關在今紅毛城停車場處，洋員初期大部分住在關署內或於附近租賃民宅，一八六六年才向當地人購買土地興建官邸。此淡水關稅務司官邸建立於一八七〇年，因整個建築主體以白色為主，被稱為小白宮。（位於新北市淡水區真理街十五號）

圖9　打狗海關原址（今高雄海關職員宿舍）
一八六四年，打狗港正式開港，開港之初並未設置海關，洋商必須至廈門或淡水海關繳稅，手續相當繁瑣。為了解決此問題，清朝廷於五月五日設立打狗海關；原先設於船上，約一八六九年遷至今哨船街七巷「高雄海關職員宿舍」處。

雞籠和打狗成為淡水、安平的外港。

當時，淡水海關會各派一名總巡進駐雞籠、安平、打狗等港口，負責外國船舶進出港檢查；但是這些停泊的船隻得先到福州繳保證金再到廈門或淡水繳納進口稅，因為辦法繁瑣且不切實際，引起洋商的抗議。

於是本來由中國人管理的淡水海關，在福州關稅務司美里登(De Meritens)的提議下，任用外國人為稅務司（圖7），淡水開港三年後，洋人開始管理臺灣海關（圖8）。接著又在雞籠[5]、打狗（圖9、10、11、12）、安平（圖13）設副稅務司，負責徵收關稅等事務。層級上，淡水是臺灣海關總部，雞籠、安平、打狗三港的海關屬於淡水海關的分支機構。

圖10 打狗領事館全貌

圖左上端即為領事官邸（見圖12），下端海港處為領事館（見圖11）及海關（見圖9）。英國原先將領事館設在淡水，但當時臺灣北部茶業尚未興起，經濟和政治重心都在南部。一八六四年十一月七日，英國將副領事館（隔年才升格為領事館）遷至打狗，以便於和臺灣道辦理交涉。原先設於旗後，一八七六年英國政府才永久承租取得哨船頭邊與海關相鄰的一塊土地，一八七七年底開始動工興建打狗領事館及山丘上領事官邸，一八七九年八月完工，兩者之間建有石階相通。（攝於打狗領事館牆面）

圖11 打狗領事館今貌

（位於高雄哨船街）

圖12 打狗領事官邸今貌

圖13 安平海關

此張舊照係從鹽水溪口往南眺望安平港和海關、怡記洋行。一八六四年五月五日安平海關正式運作（今已不存在），位置在安平港口與鹽水溪口，即今臺南市安平區安平路古堡街一九六號「夕遊出張所」旁。今尚存的「安平運河海關」古建築則是一九二六年因新運河興建才遷移過來。至於「安平領事館」曾於一八六四年底租屋設館，並於一八七五年在今臺南市西門國小位址建館，但都已不存在。（攝於臺南安平區展示看板）

啟動臺灣北部經濟繁榮的重大產業是「茶葉」。正如美國人大衛孫 (James W. Davidson)[6]在十九世紀末對臺灣的觀察，他說：「北部臺灣的榮枯就看茶業的盛衰。」「一旦茶的業務衰退，則臺灣北部的貿易將等於零。」

當時正逢世界市場亟需茶葉，而廈門、福州、漢口茶葉的輸出卻不斷衰退。英商陶德 (John Dodd) 抓住這個機會，親自來臺考察淡水的茶樹栽培。於淡水開港六年後，設立寶順洋行，在買辦（受雇外商洋行處理商務的人）李春生的協助下，自福建安溪引入茶樹的剪枝，並貸款給農民，隔年收成再全數收購，可是因臺灣缺乏烘焙設備，只得先運到廈門再製烘焙後，試銷澳門，但成本偏高；後來從廈門及福州聘請熟練工人才解決再製問題。陶德接著在艋舺投資設廠，後來遷移到大稻埕。

陶德將生產的茶葉命名為「福爾摩沙茶」(Formosa Tea)，裝運了兩大艘船，從淡水送達美國紐約，獲利豐富，開啟了臺灣茶葉外銷的時代。

之後英商德記洋行、水陸洋行、和記洋行、怡記洋行等陸續在大稻埕設立，專門收購臺灣生產的「烏龍茶」銷往美國。但從寶順洋行開始外銷臺灣茶葉三年後，因世界茶葉市場不景氣，加上洋行認為臺灣茶價昂貴，無利可圖，於是中止收購烏龍茶，臺灣茶業受到嚴重打擊。

茶商於是將滯銷的烏龍茶運到福州改製成包種茶，轉銷往東南亞[7]。隨後有福建的茶商來臺灣開設製造包種茶的茶行，有了包種茶技術，從此包種茶就經由淡水運到廈門，再輸往東南亞各地。

茶葉貿易繁榮之後，洋商中又增加了嘉士德洋行。英商洋行設立六年後，華商開始加入茶葉貿易[8]。相較於外商生活費用高、有語言障礙、常受制於買辦，華商經商能力優越，且生活節儉，可與茶農直接接觸，很容易拓展市場。

由於茶葉利潤高，到臺灣割讓給日本時，在臺北、桃園、新竹、宜蘭，以及苗栗一部分都已有重要的茶產區。當時茶貿易占全臺出口總值約五四%，且占淡水港出口總值九〇%，對臺灣重心北移具有關鍵性影響。

僅次於茶葉的第二大出口貨品是樟腦，樟腦採自樟樹，臺灣是世界上天然樟樹林的主要分布地區，以中北部居多，往南漸少。

樟腦原本被中醫用來做為治療風濕、疹癬、霍亂等的藥品；西醫則用來製作強心劑，以及治療皮膚病、神經衰弱症等。此外也可做為防蟲、製造煙火、香水、穩定油漆及宗教用香、無煙火藥及塞璐珞（Celluloid）的原料[9]。

十九世紀下半葉，臺灣與日本是世界主要的兩個樟腦產區。本來臺灣樟腦產量占世界七到八成，後來因臺灣製樟腦的技術（圖14）落後，以及在山區採樟腦時常受到原住民攻擊，影響品質與產量，加上當時的樟腦做為藥用必先結晶，但臺灣樟腦必須加入日本樟腦才能

圖14● 傳統的樟腦製造過程
（攝於國立臺灣博物館南門園區展場）

圖15● 樟腦成品
（攝於國立臺灣博物館南門園區展場）

結晶，因而加強了日本樟腦的壟斷地位。一八九〇年後，因塞璐珞工業蓬勃，而且生產塞璐珞所用的樟腦不需要結晶，而日本樟樹砍伐殆盡，日本統治臺灣期間，臺灣再度成為樟腦王國（圖15）。

樟腦多在山區生產，山區城鎮如大嵙崁（今大溪）、三角湧（今三峽）、鹹菜甕（今關西）、樹杞林（今竹東）、南庄、猫里（今苗栗）、三義、東勢、南投、集集、林圯埔（今竹山）等因而興起，住在近山地區的廣東籍客家移民也因樟腦生產和貿易帶來財富，連帶改變其地位。

因茶與樟腦興起，臺灣北部有了明顯的城市化現象，以致一八七五年開始的十二年間，北部行政區劃曾三度調整而增闢許多縣廳[10]。

在茶葉、樟腦等產品對外貿易極為興盛之際，各國洋行紛紛在淡水設行貿易，外國商人雲集，交相打探訊息，淡水港乃當時臺灣地區最大的國際港埠。

此時香港英商道格拉斯(Douglas)輪船公司在淡水開港十一年後，開始在淡水和大陸間開闢定期航班，以三艘輪船，每兩週一次，往返安平、淡水、廈門、汕頭和香港之間，為當時臺灣航線唯一定期航班。

北部有茶和樟腦，南部則有糖，從淡水開港到甲午戰爭的三十五年間，三者的出口值占全臺出口總值九四％。可是茶和樟腦的利潤比糖來得高，北部經濟發展一年比一年好，仰賴糖業的南部經濟卻愈來愈差。

雖然北部比較有錢賺，南部種甘蔗的人口卻沒有大量北移。學者林滿紅教授認為糖業的利潤還可以維持生活，而且廈門一帶的移民不斷移入南部，南部人民並不覺得需要遷移，而且當時許多移入北部經營茶業的大陸移民，都屬於技術勞工，南部的蔗農缺乏此技術，轉業困難。更重要的是，那時臺灣南北交通比兩岸之間的交通更不方便，兩岸船隻往返只要半天或一天即可到達；但南部到北部要走陸路，由安平經陸路到鹿港需要四天，交通的隔絕限制了人民的遷移，加上從事樟腦業的風險相當高，所以由南部遷移轉業的人非常少。

當時南北部的資金也無法流通。清末臺灣北部茶業的資金來自本地或大陸、外國，而不來自南部；南部也是大陸資金的移入區。

清朝廷也沒有注意到南北的隔閡，直到牡丹社事件[11]發生後，經李鴻章推薦，當時擔任福州船廠船政大臣的沈葆楨，以「欽差辦理臺灣等處海防兼理各國事務大臣」身分來到了臺灣。他全盤觀察後指出：臺灣北部包括臺北、淡水、宜蘭、基隆一帶因物產殷豐，開港通商後人口增加，土地逐漸開闢，容易引起衝突。清朝廷在他的建議下設立了「臺北府」[12]，管轄淡水、新竹、宜蘭三縣以及基隆廳，已能和南部的臺灣府分庭抗禮了。

臺北設府的決議獲准後，沈葆楨卻高升兩江總督兼辦理通商事務大臣，由福建巡撫接下臺灣整體建設與臺北府築城工作。

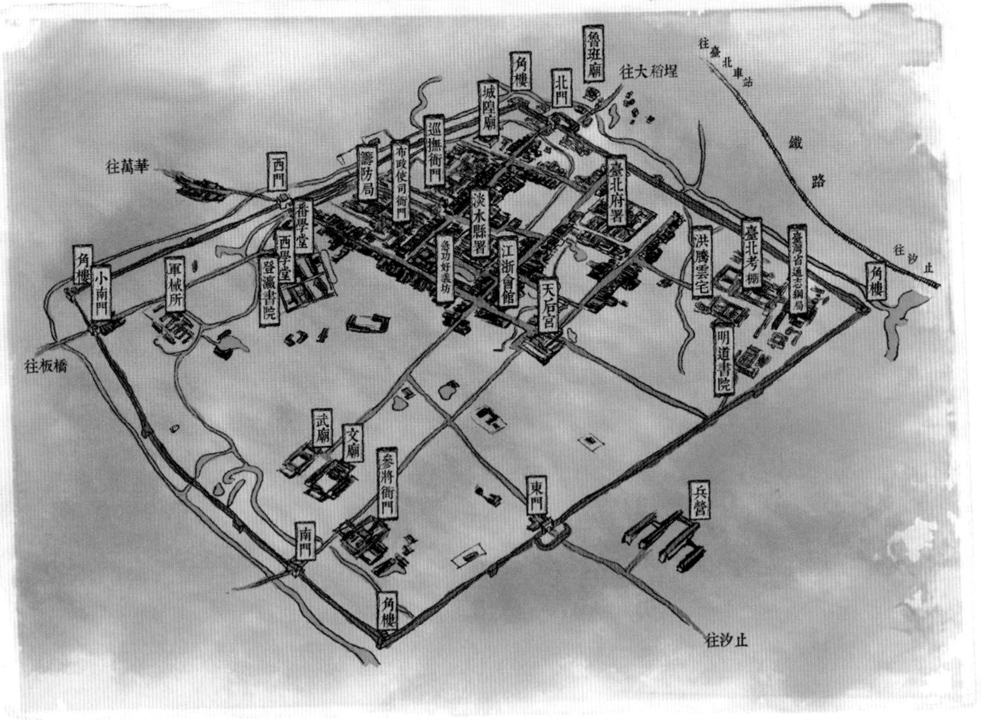

圖16　清代臺北城圖

臺北建城的工程進度遲緩，直到清朝廷與法國因爭奪越南而關係交惡，法國可能將矛頭對向臺灣[13]，清朝廷派劉銘傳在一八八四年七月十六日來臺灣主持防務時，臺北城尚未完工[14]。法軍八月五日開始攻擊基隆與淡水，劉銘傳的大本營就設在即將完工的臺北城牆內。

在戰爭威脅下，臺北地區的富紳巨賈被迫捐出鉅額經費，終於讓臺北城在年底完工（圖16、17）。

隔年中法戰爭結束，清朝廷任

圖17 **臺北北門**

臺北北門又稱「承恩門」，因皇帝命令的往返、官史的上任都是從北門來。北門原有個甕城，預期有國防用途。但諷刺的是，日本人來臺時，甕城已被拆除了，日軍遂能順利地從北門進入臺北城。目前在臺北的城門中，僅有北門是照原樣保留的。一九六〇年代，臺北市為觀光需要決定改建城門，而北門正好位於一條規劃中高架橋（今忠孝橋）的交叉點，本以為會拆除，所以沒有放在改建規劃中。高架橋興築時，保護古蹟意識比早先進步許多，因此將陸橋繞過北門，城門遂得以保留。

命劉銘傳為福建巡撫，留在臺灣處理善後事務。當時中央大臣如左宗棠、李鴻章等都贊成臺灣升格為行省，同年十月十二日宣布劉銘傳為首任「福建臺灣巡撫」，即臺灣升格為「福建臺灣省」[15]。

建省之後，省城（省政府所在地）應設在哪裡？前任福建巡撫岑毓英[16]視查後指出：「臺灣物產豐富，四面臨海，容易引起外人垂涎；但臺灣的防務偏重在南部的旗後、安平，及北部的基隆、淡水。如果敵人由中部登陸，抄襲後路，則可隔斷南北的一切。」因此建議應將行政中心移至中部，最後清朝廷認為橋孜圖（即下橋頭，今臺中市南區，以下稱臺中）最適合建城。

一八八七年，劉銘傳到臺中查看，稱讚當地「氣象宏敞」是「當全臺適中之地」，決定按岑毓英的建議，在臺中建立省城（圖18）。

就在劉銘傳向朝廷上奏時，鹿港仕紳們要求將省會改設在鹿港；但劉銘傳認為一來「鹿港靠海，地勢低下，港口沙淺，不能泊船」，二來仕紳們只是為了當地貿易的利益，因而加以拒絕。

此時，劉銘傳行文全臺各府縣，說明選擇省城地點的觀點，其中對臺北大加讚賞說：「臺北物產最為富饒，淡水、基隆兩口為全臺的軍事重鎮。」既然對臺北情有獨鍾，為什麼還要在臺中建城？

其實是因在臺中建府城有專款一百

圖18 臺中公園
臺中公園建於一九〇三年底，是臺中的重要地標。公園周邊為早期發展地區之一，一八八五年「福建臺灣省」建省，臺中原為臺灣省城所在預定地。

圖19 巡撫衙門

巡撫是清代省級地方政府的最高長官，首任巡撫劉銘傳時期，雖省會定在臺中，但仍留在臺北辦公，初時辦公處所設在淡水縣署內。一八八七年巡撫衙門建成，一八九四年在繼任巡撫邵友濂建請下，省會才移到臺北，一八九五年臺灣民主國曾以此地為總統府（現已不存在），原址在今武昌街以北、博愛路以西一帶。

多萬兩，劉銘傳將這筆錢挪來臺北建鐵路（一八八七年五月二十日開工），他說臺中建城茲事體大，非得等到鐵路從臺北建到臺中，而且賺了大錢，還清工程欠款後才能進行。

劉銘傳更以興建「臨時辦公室」名義向朝廷請款，在臺北城建了省級單位巡撫衙門（圖19）和布政使司衙門，卻又強調只是暫時駐臺北。臺中省城直到一八八九年才動工興建（圖20），但兩年後劉銘傳卸任離開臺灣時，都還未完工；繼任的邵友濂為了減輕財政經費，宣布停工，後來乾脆上奏稱臺中太偏遠，請將省城改遷至臺北。

事實上，劉銘傳將所有精力用在臺北（圖21）的重要原因是他與原臺灣道劉璈不合[17]。劉璈的防禦以臺南為重心，南部仕紳與他已建

圖20 臺灣城遺跡——望月亭

當時東大墩街南側的「橋仔頭」聚落（或稱橋仔圖、橋孜圖；今國光路到臺中路之間），臺灣建省後，初議以此為省治中心，但直到一八八九年才動工興建省城。由臺灣知縣黃承乙監造，仕紳吳鸞旂為總理，林朝棟督勇築城垣，大南門建在現在臺中南區南門里南門路與明德街交叉口，小西門在今積善里國光路與建成路交叉口西南邊，府城是有八個門和四個樓的八卦城，後因劉銘傳去職中止建城而荒廢。日本統治後被拆除，僅餘大北門上層的明遠樓，臺中公園落成時，當時地方仕紳請願留城門作為紀念，將門樓移到公園內，初名為「觀月亭」，一九四八年重新整修後改名「望月亭」。

圖21 有小上海之稱的臺北城
（攝於安徽合肥肥西劉銘傳紀念館）

立親密的情誼，因而排斥劉銘傳。

再者，建省後最大的困難是經費問題[18]，北部的茶葉與樟腦已有明顯產值，加上煤礦開採，對籌措經費都是較有利的條件。

建設花費最多是鋪設鐵路，劉銘傳原本聲稱鐵路是省會預定地臺中的命脈，但最後蓋出來的鐵路是以臺北大稻埕為中心，北通基隆、南達新竹，根本沒有通到臺中。

茶葉是當時最有賺頭的產業，但外銷茶葉的海運被英商道格拉斯輪船公司壟斷，外貿則掌握在廈門商人手中，製茶的人獲利最少，運輸者其次，真正賺大錢的是做外銷貿易的廈門商人。

劉銘傳看好茶葉貿易的利潤，在臺北成立「商務局」，開辦兩岸航線，企圖與道格拉斯輪船公司競爭，考量到淡水既已是道格拉斯的航線，淡水港又開始淤淺，因此另開基隆港對外航線。

此外，商務局要求茶葉商人出錢，訂購了「斯美」(Smith) 和「駕時」(Cass) 兩艘新船，接著劉銘傳又以「鐵路是國防必需品，非建不可」，把輪船和鐵路「併案辦理」，原本大稻埕的成品茶只能透過淡水河運到淡水港，如果臺北、基隆之間的鐵路建成，再搭配基隆港的建設，茶葉就可以轉由基隆裝船，不必遷就淡水。

為了讓臺北茶商可以掌握全世界茶葉市場的即時情報，劉銘傳還以軍事為由，興建淡

圖22 ● 李經方像
（攝於安徽合肥李鴻章故居）

水到福州的海底電纜，完成後，大稻埕茶商可以在臺北收發電報，從臺北經過淡水海線轉福州局，再轉中國陸線，銜接太平洋電纜，立刻收到美國茶市的最新行情。如此一來，臺北商人就能與廈門商人平等競爭了。

只可惜劉銘傳的計畫尚未能實現，一八九五年四月十七日，清朝因甲午戰爭敗給日本而簽訂《馬關條約》，將臺灣割讓給日本，臺灣仕紳發布〈臺民布告〉，宣示「拒日保臺」的決心。同年五月二十五日，「臺灣民主國」成立，年號永清，國旗圖樣是藍地黃虎，推臺灣巡撫唐景崧為總統。臺北從省城變成了國都，六月六日唐景崧從淡水逃往廈門，臺北的國都地位僅十二天就結束了。

清朝全權大臣李經方（圖22）與日本首任

臺灣總督樺山資紀在基隆外海的橫濱丸號辦理移交臺灣的手續後，樺山資紀於六月五日登陸基隆，將總督府暫時設在原來清朝廷的海關處，九天後進入臺北城，當務之急就是先設立政權中心。當時臺北城內規模最大的官廳建築群，就是位於北門與西門鄰近的布政使司衙門，日軍接收此處，設置臨時臺灣總督府及陸軍幕僚辦公室，十七日舉行「始政式」，正式宣告臺灣進入日本殖民統治時期。

接著，總督府以臺北為大本營，占領了新竹城，八月底前進至彰化城，十月底攻破臺南府城，宣布全臺底定；幾年後，各地仍不斷有反日活動，日本統治勢力仍難以穩固。臺灣與日本之間完全靠海路聯絡，依賴基隆港甚深，加上臺北城內官衙很多，日本人就地接手使用，節省了龐大的建築經費，臺北因此成為政治中心。

象徵殖民政府權威的總督府建築工程，從一九〇六年九月進行設計競圖，六年後動工，一九一九年三月建造完成，耗時十三年。隨後陸續有大小施工，至一九二三年止，共花費二百六十九萬日圓，造價是總督官邸（今臺北賓館）的十倍之多。總督府是當時全臺灣最高的建築物，這是企圖透過有形建築形塑君臨天下、展現日本現代文明，達到壓服臺灣人的無形統治效果。

日本更興建神社來強化民心歸向，以利統治。日本皇室宗親北白川宮能久親王[19]因攻臺戰死後，日本人決定興建神社供奉他，選定在劍潭山腰（今圓山飯店）處，於一九〇一年

圖25 臺灣大學

十月興建完成的這座臺灣神社（圖23），成為全臺最高神社信仰中心。

日本人視神社諸神為統治臺灣的守護神，從劍潭山上的臺灣神社可以遠眺總督府，人神威力互相呼應；而連結兩者之間的是臺北最雅致的街道——敕使道（今中山北路），道路寬廣，左右兩側樹木林立，並有最美觀的明治橋（圖24），整個景致呈現出威嚴感。

總督府興建確立了臺北政治中心的地位，臺灣神社的興築則強化日本國家意識。政教配合之下，臺北的重要性不言而喻了。

在金融機構方面，日本統治之前，臺灣有錢莊、媽振館(Merchant)、匯兌館。錢莊以兌換為主，兼營小額存放款業務；媽振館介於茶商與洋行之間，一方面提供茶商融通資金，一方面代理茶商的茶葉販售給洋行；匯兌館則是規模較大的錢莊。這些機構都與茶葉貿易有關，大多設於臺北大稻埕。

日本統治後，當時專精於財政的日本首相松方正義認為開發臺灣首先要建立有紙幣發行權的金融機關，有助於財政與經濟發展；第二任臺灣總督桂太郎也提出相同建議；再加上各方有識者都指出，整頓幣制可吸引日本人來臺投資，以謀求臺灣經濟獨立，便於工商業與公共事業的融通，更有助於日本向華南、南洋等地擴張。日本在一八九七年三月公布《臺灣銀行法》，兩年後在臺北成立臺灣銀行，臺灣的幣制從此統一，迅速建立了經濟現代化基礎，更奠定了臺北成為臺灣金融中心的地位。

此外，總督府更將臺北建成學術教育中心。一八九九年創設臺灣總督府醫學校（今臺灣大學醫學院）、臺北師範學校（今臺北教育大學），一九〇九年成立臺灣總督府研究所（後改為中央研究所），一九一九年《臺灣教育令》頒布後，又設立農林專門學校[20]、高等商業學校（後併入臺灣大學）；一九二八年開設臺北帝國大學（今臺灣大學）（圖25），臺北在全臺灣的學術教育地位已無可動搖了。

十九世紀中葉起，從淡水開港、茶葉與樟腦貿易興起、劉銘傳在北部建鐵路，到日本人將臺北興建為政治、金融、教育中心，臺北一次又一次成為贏家，也成就了如今全臺首善的地位。

附註

1.《天津條約》包括《中美天津條約》、《中英天津條約》、《中法天津條約》、《中俄天津條約》，指一八五八年清朝廷在第二次鴉片戰爭戰敗後，與美國、英國、法國和俄國在天津所簽訂的一系列不平等條約。清朝委派大學士桂良和各國代表談判及簽約。

2.「淡水」原為河名，清朝曾是北臺灣的通稱，早期便設置淡水廳、淡水縣等地方編制。一八〇九年設一府四縣三廳，其中之一即是淡水廳。

3.淡水即指淡水港區，原名「滬尾」。地名由來一說是「滬」乃濱海居民以石頭或礁石圍築隄防成石滬，漲潮魚蝦等隨潮水進入，隄防設有籬笆，退潮後，出不去的魚就留在石滬內了，此捕魚設施稱為「滬」，「尾」即河道末端，因此淡水河下游設有石滬之地為「滬尾」；另有一說是此地和簡稱「滬」的上海通商頻繁，猶如接續上海的城鎮，乃逐漸形成滬尾之名。自從滬尾開港後，人口逐漸往滬尾和淡水河口一帶聚集，故通稱的淡水實際上已逐漸縮小至河口附近區域，而具城鎮規模的滬尾亦常被民眾稱為淡水。一九一二年，由臺灣總督府核定，統一定名為淡水。本文為敘述方便，一律稱為淡水。

4.當時清朝廷派出福建省候補道區天民來臺，美國則因正爆發南北戰爭 (Civil War)，又因派不出適當的領事人選，只好將臺灣口岸作為廈門領事的附屬轄區。

5.雞籠海關位置約為今基隆市中正區中正路一六六號，即今基隆海關單身宿舍「復興館」處。

6.大衛孫曾任《紐約先鋒報》美國駐臺記者、外交官和商人。一八九五年來到臺灣採訪新聞，一八九六年成為第一任美國駐淡水代辦領事，一八九八年為正式領事，一九〇三年卸任。一九〇五年任美國駐上海總領事。著有《臺灣的過去與現在》(*The Island of Formosa: Past and Present, People, Resources and commercial Prospects*)。

7.包種茶在福州通稱為「花香茶」，包種茶的製造主要是用低劣及廢棄的烏龍茶，因此包種茶的經營，解救了烏龍茶滯銷的生意困境，並能出清存貨而降低損失。東南亞主要以閩南人、客家人、廣東人為主的華僑，對發酵茶的接受度高，隨後也影響了當地住民開始喜愛喝這種茶。

8.一八七四年，華商出口茶僅占全部的五分之一，至一八八七年，華商囊括八分之七的臺茶，只有特級茶仍在外商手中。由華商所設茶行，利用大陸資本、本地資本及兼為大陸及本地資本的買辦資本，貸款給茶農，換取粗製茶，自己加工、包裝，再賣給外商。一八七六年有三十三家，一八八四年有五十家，一八九二年有九十五家（其中十三家之購買、烘焙、運輸規模與洋行不相上下），一八九五年有一百三十一家。

9.一八六九年，以硝酸纖維素和樟腦製成的人造塑膠問世，名為賽璐珞，一八九〇年以後開始大量引用樟腦做為原料。第二次世界大戰以前，賽璐珞在歐洲、美國、俄國、日本等地的工業中占極重要的地位，曾廣泛用於製造梳子、鈕扣、膠卷、玩具及許多消費品。

10.請參見註2及第一二二頁及第一二三頁表格。

11.請參見本書〈近代日本何時開始覬覦臺灣？〉單元。

12.請參見註2及註10，臺北府的府治設在今臺北市之處。

13.清朝和法國為了越南問題交惡，沿海局勢緊張；而攻打臺灣的主因是取得基隆的煤礦，以及臺灣海峽的制海權。

14. 主要是經費不夠，直到一八八三年底，臺北城經費還湊不到十三萬。道光年間新竹建造石城時，城牆周長僅約臺北的一半，就花掉二十萬，可見地方上對臺北建城是多麼不熱衷。

15. 清朝的政治體制中，沒有設置「行省」或「省」，只有「巡撫」。許雪姬教授說：設巡撫即等於建省了。為什麼劉銘傳的官職用「福建臺灣巡撫」？因閩浙總督楊昌濬答應在財政上支援臺灣省（每年）四十四萬兩，但對臺灣有兼轄權，所以名為福建臺灣省，臺灣巡撫改稱為福建臺灣巡撫。劉銘傳為了得到福建省的財政支援，只好接受閩浙總督「兼轄」，因而清末臺灣建省，正確名稱是「福建臺灣省」。

16. 岑毓英前後任職福建巡撫期間——從一八八一年四月八日至一八八二年五月七日。在臺灣的時間第一次是一八八一年閏七月十三日渡海來臺，九月初三回到福建（約一個半月）；第二次是同年十一月初八來臺，至一八八二年三月十一日回福建（約四個月），算來在臺時間約五個半月。

17. 清朝廷知道中法戰爭即將爆發，即命臺灣道劉璈負責籌防。劉璈屬湘系，全臺都布滿湘系勢力；而中法戰爭初期（一八八四年五月），又命淮系的劉銘傳督辦臺灣軍務。直至七月對法宣戰後，又命左宗棠以欽差大臣督辦福建軍務，而李鴻章此時雖以北洋大臣辦理北洋軍務，但全力支持舊部屬劉銘傳。按郭志君的研究指出：在在顯示清朝廷欲以湘、淮兩軍來相互牽制，不欲使任何一軍系藉機坐大，以此來保護滿族皇室的政治勢力，此舉卻埋下了劉璈與劉銘傳衝突的導火線。

18. 劉銘傳指出臺灣地區全年收入僅九十萬兩白銀，而臺灣軍隊每年餉銀就要一百五十萬兩，所以需要福建省支援。

19. 北白川宮為日本天皇宗室，曾赴普魯士留學，任中將近衛師團長，一般稱為北白川宮能久親王或能久親王，一八九五年攻臺時死亡。日本統治臺灣五十年間，能久親王被日本人神格化，臺灣神社（現址為圓山飯店）就是以能久親王為主祀。

20. 一九一九年創建的「農林專門學校」，一九二八年變成臺北帝國大學附屬農林專門部，一九四三年獨立設校，並遷至臺中，即現在的中興大學。

清代臺灣行政區畫沿革

一六八四年，設一府三縣		
臺廈道（隸屬福建省）		
臺灣府（設於臺南）		
臺灣縣	諸羅縣	鳳山縣

一七二三年，臺廈道改臺灣道，轄下設一府四縣一廳				
臺灣道（隸屬福建省）				
臺灣府（設於臺南）				
淡水廳	彰化縣	臺灣縣	諸羅縣	鳳山縣

一七二七年，設一府四縣二廳					
臺灣道					
臺灣府（設於臺南）					
淡水廳	彰化縣	臺灣縣	諸羅縣 *	鳳山縣	澎湖廳

* 一七八七年，諸羅縣改名為嘉義縣

一八一二年，增設噶瑪蘭廳						
臺灣道						
臺灣府（設於臺南）						
噶瑪蘭廳	淡水廳	彰化縣	臺灣縣	嘉義縣	鳳山縣	澎湖廳

一八七五年，設二府八縣四廳											
臺灣道											
臺北府				臺灣府（設於臺南）							
宜蘭縣	基隆廳	淡水縣	新竹縣	彰化縣	水沙連廳	臺灣縣	嘉義縣	鳳山縣	恆春縣	卑南廳	澎湖廳

一八八五年，臺灣建省，設二府八縣五廳												
福建臺灣省												
臺北府				臺灣府（設於臺南）								
宜蘭縣	基隆廳	淡水縣	新竹縣	彰化縣	鹿港廳	埔里社廳	臺灣縣	嘉義縣	鳳山縣	恆春縣	卑南廳	澎湖廳

一八八七年，設三府十一縣四廳一直隸州，原臺灣府改稱臺南府															
福建臺灣省															
臺北府					臺灣府（設於彰化縣橋孜圖，今臺中市）					臺南府					臺東直隸州
宜蘭縣	基隆廳	淡水縣	南雅廳	新竹縣	苗栗縣	臺灣縣	彰化縣	埔里社廳	雲林縣	嘉義縣	安平縣	鳳山縣	恆春縣	澎湖廳	

大事記

1842 ■《南京條約》簽訂

1858 ■《天津條約》簽訂

1860 ■清朝廷批准安平、淡水開港

1861 ■七月，英國駐臺副領事郇和抵達臺南安平，並決定移駐淡水

1862 ■七月十八日，淡水正式設關開市通商

1863 ■十月一日，雞籠開關

1864 ■五月，打狗、安平開關

1866 ■英商陶德設寶順洋行，開啟臺灣茶葉外銷

1867 ■英國與清朝廷訂立《紅毛城永久租約》

1871 ■香港英商道格拉斯輪船公司開始淡水與大陸間定期航班

1874 ■牡丹社事件

1875 ■經沈葆楨建議，清朝廷設立臺北府

1884 ■中法戰爭
七月十六日，劉銘傳抵達臺灣
十二月底，臺北城完工

1885 ■十月十二日，劉銘傳為首任福建臺灣巡撫，臺灣升格為「福建臺灣省」

1887 ■五月二十日，鐵路在臺北開工

1889 ■動工興築臺灣府城（今臺中）

1894 ■二月二十日，邵友濂上奏請將省城由臺中改遷至臺北

1895 ■四月十七，清朝因甲午戰爭敗給日本而簽訂《馬關條約》
五月二十五日，臺灣民主國成立，臺北成了國都，僅十二天就結束了
六月十七日舉行「始政式」，正式宣告臺灣進入日本殖民統治時期

1897 ■三月公布《臺灣銀行法》

1899 ■臺灣總督府醫學校、臺北師範學校創設，臺灣銀行成立

1901 ■十月，臺灣神社興建完成

1909 ■臺灣總督府研究所成立

1912 ■六月一日臺灣總督府正式動工，一九一九年三月建造完成，耗時十三年

1919 ■《臺灣教育令》頒布，農林專門學校、高等商業學校設立

1928 ■臺北帝國大學開設

5

臺灣的醫生

你以為：醫生就是醫師

事實是：日本統治時代，漢醫及西方洋醫是「醫生」，醫學校畢業者才是「醫師」

圖1　新化保生大帝廟

位於今臺南市新化區鎮洋子里，主祀保生大帝，係隨先民來臺的最早之神祇，原稱大道公廟，俗稱「開臺大道公廟」；一九一四年該廟重行修建時，始改今名。依據《臺灣縣志》卷九〈雜記〉載：大道公廟建築於荷據時期，但真正創建年代卻無正確資料可資考證。一九七四年再度修建，重新塑裝佛像金身時，在觀音佛祖像背部發現刻有「明萬曆丙辰年弟子蔡保禎造」等字樣，那年即一六一六年，較鄭成功登陸臺灣猶早四十五年，該廟因而宣稱係明崇禎年間建造，為本省唯一古老廟宇。新化舊名「大目降」，屬原住民西拉雅族，為何會有漢人崇祀的「保生大帝廟」，頗令人玩味。

臺灣山林密布，自然條件原始，又不斷有外來瘟疫蔓延[1]，因而被移居的外來者稱為「瘴癘之島」。直到日本統治初期，臺灣仍缺乏醫療資源，人民的衛生習慣也非常落後。

早期臺灣原住民認為疾病與鬼神和祖靈有關，因此巫師（祭師）在部落始終扮演醫療和祭祀的崇高角色，他們廣泛使用野生植

圖2 保生大帝廟旁的「圖說」

物治病，並透過天生抵抗力來對抗疾病。

直到荷蘭人來臺灣，東印度公司才派荷蘭醫師到臺南安平建立醫院[2]，醫院內設有「醫務員」，但沒有對漢人移民[3]的診療紀錄。

漢人移民生病時，只能祈求醫藥之神的庇護，號稱「全臺首廟」的新化保生大帝廟（圖1、2），據說就是建於荷蘭統治時期；連原住民也受到漢人的影響，為了治病而奉祀神祇，如臺南玉井西拉雅族四大社，還有阿猴地區（今屏東平原）的平埔族，都信奉玄天上帝。

臺灣最早的漢醫是浙江人沈光文，他因颱風漂流而來到臺灣[4]，比鄭成功來臺早了九年。鄭成功來臺後，對他很禮遇，但鄭經繼位後，沈光文寫詩諷刺日趨衰敗的國政，差點遭到殺身之禍。他被迫躲到羅漢門（今高雄內門），後來又移居目加溜灣社（今臺南善化），除了教原住民讀書，也替人看病。清朝治臺後，年事已高的沈光文仍組織臺灣第一個詩社「東吟詩社」，拓展了整個臺灣文學與教育，被稱為「開臺文獻初祖」（圖3）。

康熙皇帝將臺灣收入版圖後第二年，設了一府三縣[5]，臺灣府仿大陸州縣的救濟撫卹制度，在每個縣治建立養濟院，以安頓貧病無依、流離顛沛的單身漢，是臺灣最初的社會福利事業。例如：彰化設縣[6]十三年後（一七三六年），彰化知縣在八卦山下建立養濟院（圖4），收養痲瘋殘疾人；又二十八年後，院旁再建「留養局」，蓋了四十三間房舍，可收留一百多人。臺灣縣（臺南）也設有普濟堂，收養鰥寡孤獨。

隨著府、縣、廳的增設，救濟設施也增加，主要經費來自官方提撥與地方仕紳和商人義捐。因救貧必兼顧及養老、醫療，臺灣民俗學者莊永明認為這可視為臺灣公設醫院的早年雛形，但因這種醫療只附設於慈善機構，民間行醫的角色並不凸顯，也很少被記載。

傳統漢醫傳入臺灣，根據杜聰明醫師的研究，應該是少數大陸移民來臺的醫生，以個人傳授、指導臺灣地區讀過書並願意學習的年輕人，讀《黃帝內經》、《傷寒論》、《本草書》、《醫宗金鑑》、《陳修園醫書七十二種》等基本漢醫醫學書，並接受實地指導及臨床經驗後，獨立當起醫生；也有些移民來臺開藥鋪，在藥鋪裡當學徒的年輕人，從實際精製藥材、調劑處方學習藥材知識及處方，而後逐漸讀醫學書成為醫生。

淡水開港通商以前，臺灣籍醫家多半是讀書的儒者兼醫者，就是所謂的「儒醫」，通常是有功名[7]或財富的人。他們受儒家思想影響，多半以救濟百姓為使命，診病治療乃至開

圖3 沈光文紀念碑

浙江人沈光文是最早來臺的漢醫，原名目加溜灣的今臺南市善化區，就是因沈光文博施教澤，從荒蕪的鄉野成為首善教化之地而取名。（位於臺南善化）

圖4 彰化八卦山

一七二三年設彰化縣後，此處陸續出現了「養濟院」、「留養院」等救濟撫卹機構。

圖12 馬偕像

馬偕於一八七一年十月從加拿大出發，經日本橫濱到達香港。為了選擇工作地點，曾到廣州、汕頭、廈門，之後來到臺灣。於年底抵達打狗，隔年元旦前往阿里港（今屏東縣里港鄉）拜訪英國長老會宣教師李庥（Rev. Hugh Ritchie）。在此共住兩個月之久，一方面學習臺灣話，一方面獲得臺灣的知識，得知臺灣北部艋舺等處人口稠密，但沒有宣教師、沒有教會，遂決定到臺灣北部工作。（攝於淡水偕醫館）

圖13 馬偕拔牙

馬偕幫病人拔牙不需要椅子，因時間寶貴，成群的病人排隊等候。（攝於淡水偕醫館）

最後學生再到香港或上海接受國際委員會的專業考試，通過者授予執業證書。當時慕德醫學校有六名臺灣本地學生，只有英語能力佳的林晟通過考試獲得文憑，成為臺灣第一位獲英國文憑的醫生。慕德醫學校在梅醫生離開臺灣（一九〇一年）後，因後繼無人而無法維持下去。

臺灣北部則由加拿大長老教會派遣，一八七一年底來臺的馬偕牧師(Dr. George L. Mackay)（圖12）雖不是醫生，但研究神學時，必須學習解剖學及生理學，來臺後對醫療臺灣人抱持非常大的興趣，尤其是對拔牙頗為得意。當時臺灣人認為牙痛是由藏在已腐蝕牙齒內的黑頭蟲作怪而引起，馬偕來臺第二年初次為人拔牙時，用的是削尖的木片。後來，他請本地鐵匠製作簡單工具，接著購買「紐約製最好的器具」。馬偕還發現臺灣人似乎具有強韌的神經，可以忍受拔牙的痛苦，他一生共為臺灣人拔了超過兩萬一千顆牙（圖13）。莊永明說：「尊崇馬偕為臺灣口腔外科的先驅者，實不為過。」

此時協助馬偕的是「五行醫生」（德記、和記、寶順、德記利時、怡和五家洋商聘請的醫生），馬偕還得到以醫療藥品為主的許多經濟援助；其中一位林格醫生(Dr. S. Ringer)幫忙最多，工作認真、不計酬勞，一直為醫館貢獻力量，馬偕則擔任診病的通譯。林格醫生離臺後，馬偕向加拿大母會申請，邀請專職的華雅各醫生(Rev. J.B. Fraser, M.D.)來臺，可惜兩年後，華雅各醫生因夫人病逝淡水，黯然帶著兩個女兒回加拿大。

圖14　偕醫館
一八八〇年成立的偕醫館（位於新北市淡水區馬偕街六號），為今馬偕紀念醫院前身。

馬偕來臺八年後，得到加拿大鄉親資助，又獲得同姓的馬偕夫人捐贈三千美元，在淡水創建臺灣北部第一所西醫院——偕醫館（圖14），除了可以醫治民眾，也有助於傳教工作。之後又創建牛津學堂(Oxford College)（圖15、16），並在牛津學堂東側建立第一所女學堂（圖17）。

中法戰爭期間，「偕醫館」成為清軍的野戰醫院，馬偕牧師和學生都投身傷病急救。馬偕來臺將近三十年後因喉癌去世（一九〇一年六月二日），馬偕醫館因而關閉長達五年，直到宋雅各醫生(Dr. George V. Ferguson)應派抵達淡水才重新開張。

臺灣中部醫療則源自蘭大衛醫生(Dr. David Landsbrough)（圖18）的貢獻，他在甲午戰後一年來到臺灣，找了一間小房子做為醫療傳道的處所，即是彰化基督教醫院創設之始。

蘭大衛醫生除了對病人提供免費醫療服務，還致

圖15 牛津學堂

一八八二年成立的牛津學堂即「理學堂大書院」，現為真理大學校史館。

圖16 馬偕教課

（攝於淡水偕醫館）

圖17　女學堂學生的生活照
（攝於淡水偕醫館）

圖18　蘭大衛醫生的結婚照
蘭大衛醫生與連瑪玉夫人於一九一二年十一月二十二日在淡水英國領事館結婚。（彰化基督教醫院院史文物館提供）

力培育對西醫有興趣的學生，造就了許多優秀的西醫人才。

至於清朝官方設立的醫療服務，則是劉銘傳一八八六年在臺北府城考棚創設的「臺北醫官局」，招聘挪威籍韓先醫生(Dr. A. Hunsen)替人民免費看病，裡面還有官藥局，並設「臺灣病院」，替士兵們看病。

日本統治臺灣之後，早在牡丹社事件[19]時就來過臺灣進行情報調查的第一任總督樺山資紀和民政長官水野遵，本來就對臺灣的衛生條件有所了解；加上統治初期，日本人飽受傳染病之苦，稱臺灣為「鬼界之島」[20]。日本人深切體認到控制風土疾病與推廣醫療衛生的工作成果，攸關治臺的成敗。臺灣總督府醫學校首任校長山口秀高一八九九年在首次開學典禮上說：「日本人來臺後最讓臺灣人感服的，就是醫術。正像我們也是經由醫學接觸到世界文明，如能善用醫學、醫術，數十年之後，必能獲致驚人結果。」

醫學出身的民政長官後藤新平更說：「醫療是統治臺灣的策略之一。」西方人殖民以宗教輔助，日本則以醫療來掌握「人類的弱點」——疾病。因此，日本的醫療人員及醫療體系，就如同西方的傳教士與教會，當然是總督府施政的重點。

當時調查，臺灣的「醫生」[21]共有一千零七十人，其中洋醫只有二十四人[22]，其餘都是漢醫。

日本人對臺灣醫生的醫術抱持著鄙視和懷疑的態度。後藤新平認為：臺灣醫生勉強夠資格稱得上懂「醫術」者，只有三成五左右，其他六成五簡直是濫竽充數。山口秀高則說：「本島所謂『醫生』者，連生理、病理為何物都不知；更甚有不識字者，他們只聽患者陳訴，便抓一些草根、樹皮給患者服用，就如日本的賣藥郎中，也就能夠想像這些臺灣『醫生』造成了多大的危害。」

日本占領臺灣第十年出版的《桃園廳志》中，對於臺灣大部分醫生有如下的批評：「雖有自稱為醫生者，翻閱其年代久遠、發黑的藥劑書，調和木皮、草根為藥，其藥之性理都不知，況乎病理！」

臺灣需要培育日本人認可的「醫師」。日本治臺隔年四月，擔任日本內務省衛生局長兼臺灣總督府衛生顧問的後藤新平就提出設置「臺灣總督府醫學校」的建議，但日本政府並未接受。同年五月，總督府招聘日本醫師來臺擔任公醫，隔年共有九十六名公醫派駐臺灣。

公醫與西洋傳教士有著相同任務，藉由對臺灣社會提供醫療以懷柔民眾，幫助日本統治政策的擴展，他們和掌管衛生行政的警察機關合作，使衛生政策順利實施。公醫的工作包括實施、監督鼠疫及瘧疾等傳染病防疫對策、種痘和實施各項清潔相關法令，被總督府視為推進衛生行政的主力。

後來臺灣總督府又發布《臺灣醫業規則》[23]，規定必須取得許可證照才能成為「醫師」，並且由政府監督管制。原先的「醫生」必須申請醫業許可證（圖19）；但為了顧及山間偏遠醫

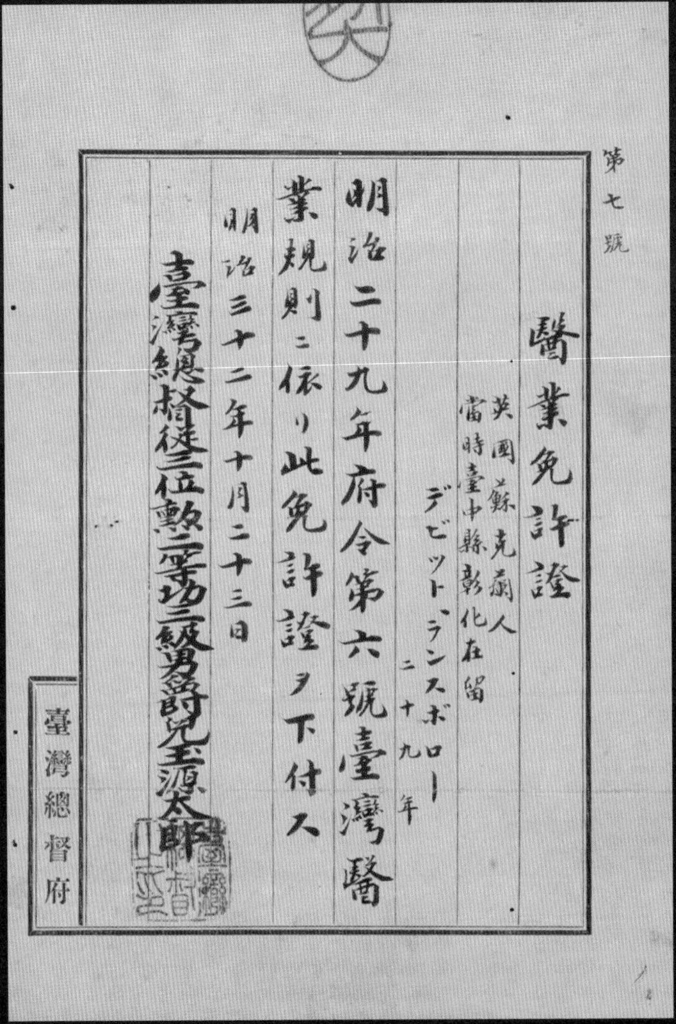

第七號

醫業免許證

英國蘇克蘭人
當時臺中縣彰化在留
デビツト、ランスボロー
二十九年

明治二十九年府令第六號臺灣醫業規則ニ依リ此免許證ヲ下付ス

明治三十二年十月二十三日

臺灣總督從三位勲三等功三級男爵兒玉源太郎

臺灣總督府

圖19 蘭大衛醫生的「醫業免許證」
日本總督府於一八九九年給予蘭大衛醫生的醫院營業登記證。（彰化基督教醫院院史文物館提供）

療，同時制定《限地開業醫規定》[24]，即是對申請者審查技術，限地域、時間暫時准許執行醫務。

這項規則公布後，臺灣人雖提出申請醫業許可證，但都因「無具備充分學識、技能」，無法被審核通過；不過總督府也沒有按規定嚴格處置，臺灣的醫生雖沒有取得許可，仍照常執業，並未受到太大影響。

後藤新平仍持續培養臺灣醫師的計畫，先委託山口秀高在臺北病院（後改名臺北醫院）創設醫學講習所，即「土人醫師養成所」，招收就讀國語（日語）傳習所的學生、略通日語的臺灣學生，由臺北病院派醫師、藥劑師擔任教師，試辦醫學教育二年，但招生情形不佳。

兩年後《臺灣總督府醫學校規則》公布。第一條規定：「臺灣總督府醫學校為教授本島人醫學之醫師養成所」，並規定「修業年限本科四年、預科一年」，這是醫學教育的開始，但並未受到臺灣社會的矚目與歡迎。

為了吸引臺灣子弟前來就讀，只要地方長官、公學校校長、各地府立醫院院長、各地公醫等具名推薦，不需入學考試；而且只要具備公學校初等科學歷、熟悉日語的人都可入學，一律是公費生，由學校發給學生每人每天伙食費二十錢、生活津貼五錢，還有醫療費、制服費等。此外，因上課需要至六里外參加校外教學修學旅行者，每天另發一元五十錢津貼，從這些利誘措施可見當局者的用心良苦，但第一年學生人數僅七十一人，第二年只增加二十四人，合計九十五人。

探究原因，正如校長山口秀高所說：「向來在臺灣的醫師及一般稱『醫生』這些人的社會地位甚低，可說是位居最下層，所得的名譽和報酬甚少，因此民間很少自願當醫師者，甚至可以說沒有。」再者，可能是近代醫療衛生觀念未普及、修業年限太長。

然而，臺灣人還是習慣找臺灣醫生治病，不願意給受過現代醫學訓練的公醫看病，總督府又對臺灣醫生取締不力。當時臺灣中央衛生會會長建議：不如舉行簡易試驗，依成績發給醫業臨時執照，讓他們繼續執業，並納入管理。

這個建議正符合後藤新平「尊重舊習慣」原則，總督府在一九〇一年七月公告《臺灣醫生免許（執照）規則》，規定有十年以上執行醫業經驗的本省人，才能申請醫生考試，經考試後頒許可證，只能在當地執業，不得轉移他處，並須受公醫的監督。地方長官具有發許可證的權力，地方廳則能制定管理規則。

當時有二千多人申請應考，九月底開始，各州廳分別公告並舉行考試[25]，考試次數各區不一樣，甚至可以申請補考[26]。

考試結果的及格錄取率近五二%，但後來沒有經過考試[27]以及考試不及格者共約八百人，也都發給許可證[28]，加上斗六廳又增給二十五人許可證，使總錄取率增加到將近九成——這是考量到如果錄取人數太少，可能每兩千八百人才有一個醫生。

隔年年初，各州廳陸續頒發醫生執照，從此臺灣總督府沒有再發出醫生執業執照。

這次執照考試對臺灣醫生是一件大事，沒拿到將無法執業。執照考試規則沒公布之前，有些醫生就開始想辦法，包括開始集資想透過遊說或行賄等方式來取得行醫資格。當時臺灣著名漢醫黃玉階[29]組成了「漢醫例會」，除了中醫學討論，還請日本在臺西醫來演講，由其胞弟黃琨瑤擔任通譯，希望幫助當時的漢醫多吸收一點西醫常識，還將原本每月兩次例會改成每月三次。由於黃玉階臨床療效成績卓越，又積極推動提升漢方醫學教育及漢醫與西醫的交流，可以免參加檢定考試，獲得臺北廳醫生免許狀（執照）第一號，並於醫生執照授證典禮上代表致答詞。

醫生執照頒發後，並未限制原本是漢醫的「醫生」使用西醫醫療器械及藥品，因此執業時，更能堂而皇之進行西醫療法，但漢醫不了解嶄新的治療方法和強力的藥品，如果濫用很容易導致危害，於是各地紛紛成立醫生會，進行醫學講習，總督府也特別下達各廳長轉知各公醫嚴加注意。

至於教會醫院附設醫學校培養出一批受過西方醫學訓練（圖20、21）、並已在所屬醫院或各地從事醫療工作的人才，他們要取得合法的醫療執照，還是得報考醫學校[30]，或者參加醫生檢定考試[31]。後來畢業的學生則無法取得執業許可證，因此教會的醫學校只得停止招生。

總督府又陸續頒訂《醫生業務禁止處分標準》及《醫生取締規則》以加強管理。沒有

圖20 蘭大衛醫生夫婦與畢業生黃雨宸、周燕祿合影

周燕祿醫生（左）為筆者六姑丈周神榮醫師的父親。（彰化基督教醫院院史文物館提供）

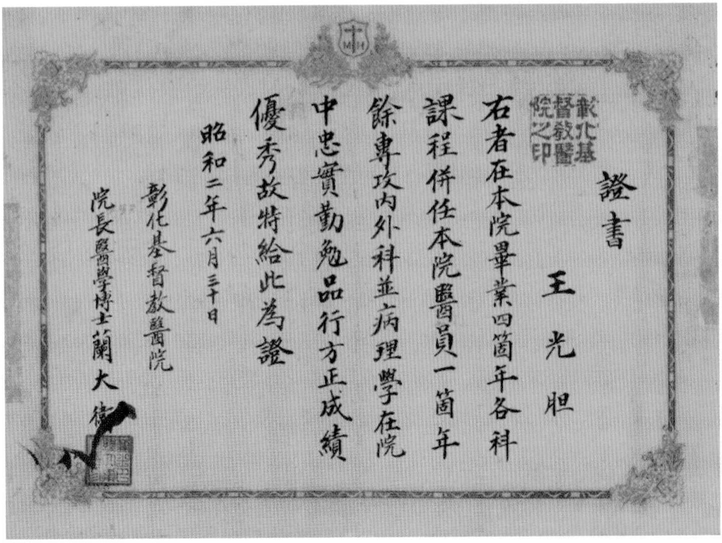

彰化基督教醫院之印

證書

王光胆

右者在本院畢業四箇年各科課程併任本院醫員一箇年餘專攻內外科並病理學在院中忠實勤勉品行方正成績優秀故特給此為證

昭和二年六月三十日

彰化基督教醫院

院長醫學博士蘭大衛

圖21 彰化基督教醫院頒發的畢業證書（彰化基督教醫院院史文物館提供）

取得醫生執照者就不能執業，而總督府不再舉行醫生執照考試。雖然自一九二八年起四年間，臺灣漢醫藥界興起復興運動，向總督府要求比照朝鮮每兩年舉行一次醫生檢定考試，但最後仍是希望破滅。因而，許多師徒制的醫生助手或學徒，雖已跟隨老醫生學習漢醫技術到某個程度，或是醫生後人繼承先人之業，卻都變成「民醫」、「密醫」[32]了。

總督府設立的醫學校則因一般民眾對近代醫療衛生有了新的認知，逐漸受到肯定，臺灣子弟報名醫學校者日益增多。一九〇三年起，限定公學校畢業的學生才能報考，並舉行入學考試。兩年後，除了公費生，還有自費生名額，入學考試競爭日益激烈，錄取率突然降低，逐漸成為臺灣有志升學青年競取的目標。從此，日本總督府認可的醫學校畢業的「醫師」，成了臺灣人心目中至今社會地位居高不下的「第一志願」了！

附註

1. 請參見本書〈福爾摩沙與瘴癘之地〉單元。
2. 一六二五年，荷蘭人開闢臺灣第一條寬十五公尺，長三百四十公尺的歐式街道（今臺南市民權路），可以併行六輛馬車，稱為「普羅民遮街」，據說此安置荷蘭人的街道設有醫院。
3. 請參見《被誤解的臺灣史》第四單元〈漢人移民臺灣〉。
4. 南明朱由崧自立為福王時，沈光文與史可法共同抗清，後再隨魯王退守浙江。魯王兵敗後，他隱居普陀山為僧。鄭成功據守廈門、金門時，他本想從金門搭船去泉州，不料一六五二年所乘船隻因風漂流到宜蘭，後輾轉到大員（今臺南），當時是荷蘭人統治時期。
5. 一六八四年，設了一府三縣：臺廈道（隸屬福建省），臺灣府（設於臺南），臺灣縣、諸羅縣、鳳山縣。
6. 一七二三年，臺廈道改臺灣道，轄下設一府四縣一廳：臺灣道，臺灣府（設於臺南），淡水廳、彰化縣、臺灣縣、諸羅縣、鳳山縣。
7. 臺灣的舉人考試自一六八七年才開始舉行，進士考試則自隔年舉行，已比中國大陸各省遲了數十年。清代臺灣擁有科舉功名的人數請見下列表格。
8. 請參見本書〈臺北如何變成臺灣的政經重心？〉單元。
9. 據吳子光（士興）著《一肚皮集》所載，有林元俊（康熙年間）、徐厥纘（乾隆年間）、吳廷慶、吳象賢（均道光年間）、許一壺、廖維禎等人，或以寓居臺灣而寄行跡於醫療，或以儒學而兼施藥濟世；清末則有黃玉階。
10. 請參見《被誤解的臺灣史》第十三單元〈客家人的義民廟〉。

時期	進士	舉人
一六八七年至一七三五年（康熙、雍正時期）	1	15
一七三六年至一七九五年（乾隆時期）	2	56
一七九六年至一八五〇年（嘉慶、道光時期）	6	74
一八五一年至一八九四年（咸豐、光緒時期）	24	106

11. 附有神意的藥籤雖是由神意所開，但有些藥學知識豐富的中藥店老闆會根據經驗配藥；青草藥則屬於民俗醫療，隨著漢人移民的腳步而發展流行。一般而言，受理藥籤的藥店通常必須根據患者的情況更改處方內容，以求給予患者適當的治療。

12. 扶鸞的目的在傳達神的語言或旨意，並且以書寫方式記錄。

13. 王爺信仰是臺灣最普遍且最受歡迎的民間信仰之一，關於王爺的身分有各種說法，以臺灣學者劉萬枝和日本學者前島信及為代表，主張王爺為純粹的瘟神信仰。瘟神或王爺受到祭拜之後，前者通常乘坐著燃燒的紙製王船出海，乃是取逐疫之意。

14. 當時人們認為小孩發燒、腹瀉、冒汗、啼哭、睡不安寧等是因受到驚嚇，因此，收驚比打針、吃藥有效，因此婦人們會抱著嬰兒請「先生媽」幫忙收驚。

15. 《天津條約》簽訂後，英國接掌中國海關，並在通商港埠設立海關醫療勤務，由英國醫生擔任醫官，薪資由滿清朝廷支付。他們主要的任務是防止外來疫病經由船隻傳入通商港埠，以保護英國的商業活動；此外，也為當地歐洲人與本地人提供醫療服務。部分海關醫官還研究當地風土病與盛行疾病，並記錄面臨的醫療問題。臺灣打狗與淡水兩個港口都設有海關，請參見本書〈臺北如何變成臺灣的政經重心？〉單元。

16. 清代臺灣長老教會於傳教過程中，與同時期活動的海關和從事商業貿易的洋行多少有所互動，傳教方式之一的醫療工作亦有此情形，尤其清末很少派遣具醫生身分的傳教士來臺之加拿大長老教會，更是需要海關醫員與洋行醫生之幫忙合作。最早來臺設立的英國副領事館（一八六五年升格為領事館）與從事商業貿易的洋行，曾資助長老教會所設立醫館診療所需藥品或共同管理醫院。而外籍傳教士若染患疾病，則會造成傳教人員不足；因此這些身處異鄉的外國人會彼此合作、互相幫忙，海關醫員則在職務之餘，給予長老教會醫務人力的支援。

17. 馬雅各醫生一八三六年三月十八日在英國蘇格蘭出生，一八六〇年畢業於蘇格蘭愛登堡大學，在柏林、巴黎大學深造後，服務於伯明罕醫院（General Hospital Birmingam），並擔任教會長老。他被派來臺灣是因英國長老教會駐廈門的杜嘉德牧師（Rev. Carstairs Douglas）注意到來臺灣宣教的可能性，因而向英國長老教會建議，先派兩位宣教士來臺，其中一位必須有醫藥技術。馬雅各醫生一八六三年八月初受派為海外宣教師，隨杜嘉德牧師到香港，隔年年初到廈門，積極學習語言，十月曾到臺灣府、埤頭（今高雄鳳山）停留三個星期，留下深刻印象；回廈門後，積極籌備臺灣醫療傳道工作，一八六五年被正式派遣來臺。

18. 萬巴德醫生於一八六六年來臺，受聘為打狗海關的醫生，一八七一年前往廈門。在臺灣時，他努力研究熱帶病症，對地方病（如瘧疾等）特別留意，對臺灣的熱帶醫學發展貢獻極大。一八九九年在英國倫敦設立熱帶醫學校，後來被稱為「熱帶醫學之父」。

19. 牡丹社事件發生於一八七四年，請參見本書〈近代日本何時開始覬覦臺灣？〉單元。

20 請參見本書〈福爾摩沙與瘴癘之地〉單元。

21. 當時臺灣人對本地醫者都稱「醫生」，總督府也跟著如此稱呼；而非經總督府認可的洋醫也被視為醫生；至於有接受現代醫學訓練的醫療人員（即總督府認可的西醫）則稱為「醫師」。

22. 當時臺南新樓醫院和臺北馬偕醫院以及彰化基督教醫院固然有歐美籍醫師，但是數目不可能如此多，洋醫二十四名大概是指由幾所西醫院訓練的醫療人員，在各地區用西方醫療法執業治病，所以調查報告將之列為洋醫。

23. 第一條規定醫師的定義，係指由內務大臣發給醫術開業許可證者及由民政局長發給醫業許可證者；第三條要求申請發給醫業許可證者，應檢具醫術相關履歷書，經由該地方廳向民政局提出；第十一條明令未領有醫業許可證或於醫業許可區域外行醫者，處廿五日以下之輕禁錮或廿五圓以下之罰金。

24. 日治初期「限地開業醫」係補充偏遠地區醫師不足之特殊情況，故放任教會醫院訓練學徒，但禁止學徒在都市開業，只准在沒有正式醫師執業之鄉村開業，且每三年需重新申報，並隨時可由正式醫師取代。

25. 參加者只要繳交履歷表即可報名，若來不及報名或參加考試者還可以向地方廳申請補考。應考者必須將姓名履歷及行醫時間長短，向地方廳或支廳自行呈報，並經過調查屬實，方可取得參加考試的資格，考前每名合格的應考人都會接到通知；如果考生人數太多，就會分梯次舉行，每梯次約以三十名考生為原則。考試題目雖翻譯為漢文，但考題並非統一由中央權責機關命題後交到各地方廳，而是由各地方廳或支廳地方官聘請該地公醫命題，命題內容也無一定標準。考試分為內科、外科兩種，內科主題多為臺灣地區常見的疾病，或是著重醫生該知道的中醫基本知識；外科題目則有蛇咬、乳癌、金瘡及眼科、齒科等題目。考完後採取集中閱卷，以便有統一的錄取標準，但由誰來閱卷、錄取標準為何，則無從查知。

26. 各地方廳舉行之檢定考試往往視各地報名人數與報考者需求舉行第二次、第三次考試，其中以臺北廳艋舺與大稻埕地區報名參加中醫檢定考試的人數最多。新竹廳甚至舉行補考，考生要求補考的理由千奇百怪，而新竹廳竟接受補考申請，舉行了第二次考試。

27. 有六百五十人未經考試者而被授予許可證，主要是因他們都屬年長之輩，在各地頗具醫療聲望，若報名參加考試而落選，將有損名聲，因此不願參加考試，總督府反而發給許可證。

28. 有一百五十六名不及格者，是有較高聲望卻落選，總督府才採取此補救措施。

29. 請參見本書〈放小腳〉、〈剪辮子〉單元。

30. 總督府醫學校剛招生時敢前往就讀的人不多，只得請馬偕支援，因此有許多馬偕的學生前往就讀；後來獲得醫生執照者有陳能、郭主（希信）、林清火、柯新約、陳錫、林有能等人。

31. 新樓醫院曾向臺南廳長提出申請，認為他們的畢業生學業技術在醫生之上，請求授予醫業許可證。總督府同意只要通過試驗，可比照醫學校畢業生的同等學力，發給醫業許可證。

32. 「密醫」一詞早在《臺灣醫生免許（執照）規則》公布之後，《臺灣日日新報》中就出現了，普遍被使用則是一九二六年十月之後。

大事記

1865 ■五月二十八日，馬雅各醫生在打狗旗後登陸；六月十六日，創立臺灣第一座西醫院

1866 ■六月，馬雅各在旗後山腰蓋打狗醫館；萬巴德醫生來臺

1872 ■三月九日，馬偕牧師登陸淡水，為今馬偕醫院開創者

1880 ■淡水偕醫館創建

1881 ■打狗醫館擴建為慕德醫院

1886 ■福建臺灣巡撫劉銘傳在臺北府城考棚創設了新式醫院與藥局

1895 ■《馬關條約》把臺灣割讓給日本

1896 ■四月，臺灣總督府衛生顧問後藤新平提出設置「臺灣總督府醫學校」建議，未被日本政府接受
五月，臺灣總督府發布《臺灣醫業規則》、《臺灣公醫規則》；為顧及山間偏遠醫療，制定《限地開業醫規定》
十一月二十九日，蘭大衛醫生到達彰化，創設今彰化基督教醫院

1897 ■山口秀高承後藤新平委託，於臺北病院創設醫學講習所

1899 ■民政長官指示各地組織「公醫會」，進而組成全臺公醫會
總督府醫學校成立，三月公布《臺灣總督府醫學校官制》，七月公布《臺灣總督府醫學校規則》

1900 ■新樓醫院成立

1901 ■七月公告《臺灣醫生免許規則》（臺灣醫生執照規則）

1903 ■臺灣總督府醫學校限定須公學校畢業者方能報考，並舉行入學考試

1904 ■制定《臨時臺灣公醫講習規程》，每年舉辦在職訓練

1905 ■之後，臺灣人對總督府醫學校開始趨之若鶩，除了公費生，尚有自費生名額

1928－1932 ■漢醫復興運動積極推動

6

吳鳳與廖添丁

你以為：吳鳳是捨生取義的英雄，廖添丁是劫富濟貧的抗日志士

事實是：吳鳳是日本人為教化官員刻意形塑的典範，廖添丁抗日形象則是意外形成的

圖1 嘉義吳鳳廟的廟門

吳鳳與廖添丁都是在臺灣民間流傳已久的傳奇人物，後有人為他們立廟，成為被供奉的神祇，然而他們在人們心目中的形象與史實有很大的出入。

嘉義縣中埔鄉社口村有座祭祀吳鳳的廟（圖1），廟中文物展示館記載了吳鳳的生平，略述如下：

一六九九年出生的吳鳳是福建平和縣人，清康熙年間隨父母遷來臺灣，住在諸羅縣（今嘉義市成

仁街）。因跟著父親到阿里山上替原住民治病，並做山產交易而學會了原住民語言，那時原住民與漢人之間經常發生衝突，吳鳳就居中協調，成了排解糾紛的角色。

有一位姓李的通事[1]經常欺壓原住民，強占他們的田地與女子。諸羅知縣（即縣長）擔心演變成動亂，決定由二十四歲的吳鳳接任新通事，原住民得知後，高興得設宴、載歌載舞來慶賀。

當時原住民有個習俗：每年新穀收成時，必定要出草殺人，以獵來的人頭祭祀祖先[2]。通事與原住民約定每年只能殺男、女漢人各一名，但是原住民不遵守約定，還是時常外出殺害漢人。

吳鳳擔任通事後，決心要革除這種惡習。先是勸導原住民以朱一貴之亂[3]時被殺的漢人舊存頭顱（圖2）做為祭祀供品，前後維持了四十八年[4]。

吳鳳七十一歲那年，山地爆發傳染病，年輕的原住民要求再出草。吳鳳認為既然不能移風易俗，決心犧牲自己，他請原住民在村莊山腳下等候，有個穿紅衣、戴紅巾的人出現，可以把這個人給殺了，用他的頭顱去祭神。原住民照著做之後，赫然發現竟是吳鳳本人。

吳鳳慘死後，原住民惶恐不安，酋長邀集阿里山四十八個頭目商議，決定從此不再出草殺人，並設壇祭奠吳鳳，各社豎立圓石[5]為記號，使後世子孫遵守，革此惡習（圖3）。

吳鳳的故事流傳了二百多年，隨著原住民運動興起開始受到質疑、挑戰與爭論[6]。歷史

圖2 放置頭顱的首棚

臺灣原住民除了達悟族（舊稱雅美族），其餘各族過去均有「獵首」習慣。割下的敵人頭顱就放在「首棚」，通常設在部落頭目住屋前面或附近。以竹竿或圓木棒橫列上下兩根，兩端以交叉兩根棒子架起。原住民獵首習俗已在日治時代被禁絕，現今原住民部落裡已看不到原來的首棚了。（博揚文化提供）

圖3 原住民感念吳鳳圖

此故事源自一八五五年劉家謀的《海音詩》，內有詠吳鳳詩，附註〈成仁事蹟〉；至於原住民後來改掉出草獵人頭惡習的轉變，薛化元教授認為：從史料中無法得到原住民受到吳鳳捨生取義精神感召的證據。（攝於吳鳳廟）

上確有吳鳳這個人[7]，但他如何被「捏造」及「神化」的呢？

先是因部落發生災癘，原住民認為是吳鳳鬼魂作祟，因此祭拜、祈求吳鳳不要再降災害；一八二〇年，吳鳳信仰已擴及漢人社會，當時的通事還將位於今嘉義縣中埔鄉社口村的吳鳳公廨（辦公室）改建成吳鳳廟。

日本統治時期，吳鳳信仰更有擴大的趨勢。一九〇〇年，臺灣總督府官員發現了阿里山大片原始林，豐富的林木資源[8]引起日本朝野的注意，進而展開調查，日本人因此接觸到阿里山地區的鄒族。

四年後，民政長官後藤新平前往阿里山地區視察時，發現鄒族不像其他地區的原住民會襲擊、騷擾日本人，甚至還幫忙修路；日本人覺得奇怪，詢問後才知道是受吳鳳影響。後藤新平除了到吳鳳廟祭拜之外，還派同行學者伊能嘉矩考察吳鳳事蹟，但沒有大加宣揚[9]。

年久失修的吳鳳廟一九〇六年在嘉義大地震中傾圮，在後藤新平慫恿鼓勵之下，嘉義廳長津田義一推動募捐重建。後藤新平撰寫〈阿里山通事吳元輝碑文〉，推崇吳鳳的犧牲感化了原住民，也間接促進阿里山的文明開化（圖4）；津田義一還請人為吳鳳立傳《殺身成仁通事吳鳳》，將吳鳳生平事蹟、捨生取義的過程，寫成詳盡的紀傳體。吳鳳的「義人」形象從此獲得肯定，卻也因此凸顯臺灣原住民的野蠻形象。

重建的吳鳳廟在一九一三年三月十九日落成後舉行大祭典，由正在進行「五年理番計

圖4　後藤新平碑

後藤新平撰寫的〈阿里山通事吳元輝碑文〉於一九一二年立碑。這篇七百多字的碑文多集中在對吳鳳傳說的渲染與鋪陳，確實成為日本統治者建構殖民論述的歷史挪用文本。吳鳳傳說因而能促進臺灣總督府理番事業的推展，進而獲取山地豐富的林業資源，並足以成為宣揚文明教化的最佳典範。此碑現立於吳鳳廟右側牆邊，碑上的文字已經很模糊了。

畫」[10]的第五任臺灣總督佐久間左馬太擔任主祭。日方如此推崇吳鳳，就是企圖藉此來消除原住民的獵頭習俗，以增進日本在臺灣山地的經濟利益[11]。

再者，日本官員認為吳鳳傳說有助於強化公務員「殺身成仁」、「大公無私」的皇國精神，文部省在同一年將吳鳳傳編入教科書，自此凡是日本政府所控制的（包括臺灣、韓國等）殖民地區學童都能讀到這一課。

吳鳳從此成為當時詩人吟誦、學童歌舞稱頌的對象，也

圖5　霧社事件紀念公園

日本統治臺灣後，一九一〇年開始實施「五年理番事業計畫」，沒收了原住民所有的武器。十年後山地逐漸安定，日本人開始設立學校教化「生番」。當時的霧社地區對其他部落而言，可說是開化的首善之地。在日本人宣稱「離實現零番害之實已不遠」的一九三〇年十月二十七日清晨，號稱開化程度最快的臺中州能高郡霧社（今南投縣仁愛鄉）發生了「霧社事件」，事件中被殺害的全是日本人，總督府當然相當震驚。

圖6　霧社事件——莫那・魯道墓

霧社事件領導人莫那・魯道的遺骸在事件發生四年後，始由狩獵的原住民發現，日本人將其遺骸送交臺灣帝國大學（今臺灣大學）考古人類學系當作研究標本。一九七三年，中華民國政府才將其遺骸迎回霧社安葬。

圖7 改修吳鳳廟碑
佐藤房吉所立〈改修吳鳳廟碑記〉中尊稱吳鳳為「阿里山忠王」。連橫《臺灣通史》（一九一八年寫成）〈吳鳳列傳〉：「（指原住民）尊吳鳳為阿里山神。」至於漢人雖建有吳鳳廟，但應是希望他的神靈保佑鄉人安居樂業，不會尊吳鳳為阿里山神；因為清朝時期除非皇帝賜封，隨意「封神」會惹來殺頭之罪。其實廟址所在的社口、當年番社所在的觸口都在阿里山下，離阿里山約有七十公里遠，而這件衝突發生在山下，吳鳳廟卻被日本統治者稱為「阿里山忠王廟」，可見刻意藉此凸顯吳鳳之「忠」，且是阿里山的王，以擴大吳鳳的影響力，抵銷發生霧社事件對日本統治臺灣的挫敗感。

是優良公務員的代稱，例如東石地區有位日本警察森川巡查對村民很好，就被渲染成日治版「明治吳鳳」。

一九二五年，嘉義郡守因吳鳳廟被風雨侵蝕、白蟻侵害，倡議重修，但未獲同意。五年後的十月底發生了霧社事件（圖5、6），日方極度恐慌，由日本人著作、該年底出版的《義人吳鳳》一書中，就刻意強調番人的「凶殘性」，以及吳鳳是如何聲淚俱下地勸番人不要獵人頭，大加讚美吳鳳是「東方的基督」。

隔年，吳鳳廟再次修建，增加了拜殿、正殿與兩側廂房，以及廣大的庭園。其中嘉義郡守佐藤房吉新立的〈改修吳鳳廟碑記〉尊稱吳鳳為「阿里山忠王」（圖7）。落成時，第十四任臺灣總督太田政弘親自來祭拜，可見是有意擴大吳鳳傳說的影響力。

同年還有嘉義中學校長三屋靜撰〈吳鳳傳〉，並由教員改編成舞臺劇；隔年，電影《義人吳鳳》發行上映，甚至傳入日本境內播映。

一九三七年中國發生七七事變，日本統治者怕臺灣人「人心思漢」，下令撤除吳鳳廟的騎馬塑像，並禁止祭拜。可是日本統治末期為推行皇民化，一一排除臺灣民間信仰時，卻保留了吳鳳信仰。

中研院臺灣史研究所翁佳音教授說：「吳鳳傳說的大部分情節是在日治時代鑄造完成。」陳其南教授更認為日本人的種種舉動與政治意圖脫離不了關係，亦即日版吳鳳是個「捏造的神話」。

一九四五年臺灣光復後，國民黨政府更進一步形塑吳鳳神話；首任嘉義市長宓汝卓徵詢耆老、訪問吳鳳後裔，再次強調吳鳳事蹟都是事實，不是傳說。為激發公務員捨身從公的熱忱，他呈請臺灣省政府表彰吳鳳，更稱頌吳鳳是蔣中正總統「力行哲學」的實踐者。

隔年為了強化吳鳳的影響力，將阿里山鄉改名為吳鳳鄉、將吳鳳故事編入小學《國語》、《生活與倫理》課本；接著嘉義市出現吳鳳路、吳鳳中學（後改制為商專、工專，即今吳鳳技術學院）；更拍攝電影《阿里山風雲》、《吳鳳》[12]，電影裡的吳鳳形象——像聖誕老公公般慈眉善目，紅衣、紅巾、騎白馬的樣子，從此深植大家心目中了（圖8）。

圖8 **聖誕老公公模樣的吳鳳**

翁佳音教授認為以通事職務之卑微，吳鳳塑像有坐騎（類似今之公務車），而且騎白馬（等於今之名貴轎車），似乎不太合理。（攝於吳鳳廟）

一九四九年後，在反攻大陸的旗幟下，政府需要全國軍民戮力、犧牲，因此著重吳鳳傳說寄寓的「殺身成仁」、「捨生取義」的仁義精神，期許軍民效法吳鳳精神以完成政治意圖。蔣中正總統蒞臨巡視吳鳳廟，令嘉義縣長林金生予以重修，於一九五三年底落成（圖9）。蔣中正總統題贈「舍生取義」橫匾（圖10），在園中豎立「毋

圖9 **吳鳳廟**

此為一九五三年嘉義縣長林金生重修的吳鳳廟。

圖10 **蔣中正總統題贈「舍生取義」橫匾**

忘在莒」碑（圖11）；以及考試院長賈景德撰〈重修吳鳳廟碑〉（圖12）詳述修廟始末；二十一年後，增闢吳鳳陳列室[13]，後來再增建後殿及廂房，並擴建為紀念公園。

就在「犧牲小我，完成大我」的吳鳳神話逐步建構的後期，一九八〇年七月，陳其南教授發表了〈一則捏造的神話——吳鳳〉，開始引起各界討論。一九八四年左右，臺灣原住民運動興起，將破除吳鳳神話做為運動初期重心，提出「吳鳳神話扭曲了原住民形象，剝奪原住民歷史詮釋的權利」之訴求。

隔年吳鳳公園開幕時，代表「臺灣原住民權利促進會」的胡德夫等五人，到達現場抗議，指稱此為「神話吳鳳、醜化山胞」的典禮。隨後有些文章開始出現「吳鳳常占山胞便宜」或「吳鳳是奸商」的說法，試圖說明原住民殺害吳鳳是一種反抗侵壓的行動。教育部只好在一九八八年刪除小學課本的吳鳳故事；同年十二月三十一日，林宗正牧師率領數名原住民青年以電鋸拆毀嘉義車站前的吳鳳銅像。

隔年一月，吳鳳廟遭到縱火，引起嘉義中埔鄉與竹崎鄉等信仰吳鳳的漢人反彈；吳鳳後代在原住民抗議行動中，除了感到祖先受侮辱，也覺得自身受到傷害。三月一日，內政部將吳鳳鄉改回原名阿里山鄉。

吳鳳廟依然矗立，只是隨著吳鳳神話被破除，不再有政治人物的加持，少了喧嘩與炒作；但吳鳳為阿里山區漢、原族群交流的努力與用心，還是值得被肯定的！

圖11　蔣中正總統立「毋忘在莒」碑
該石碑的位置原先放置後藤新平的碑。

圖12　重修吳鳳廟碑
嘉義縣長林金生重修了吳鳳廟，增拜殿、碑亭，以及頂部五嶽朝天式封火山牆的三間三柱三卷門樓；考試院長賈景德撰〈重修吳鳳廟碑〉。

圖13　漢民祠（主祀關公、附祀廖添丁）
位於新北市八里區訊塘村內（現址是中華路三段）。

接著談廖添丁。新北市八里的「漢民祠」是祭祀廖添丁最主要的寺廟（圖13、14、15），但主祀關公，附祀廖添丁。為什麼廖添丁會與關公扯在一起？

此地原是廖添丁墓園（圖16），日治時期已有人焚香祭拜；臺灣光復十三年後修建成祠，一九七三年成立廖添丁墓園管理委員會，並向內政部申請建廟。內政部規定建廟必須有歷史根據和文化史蹟，歷史文獻上找不到廖添丁傳記，申請案被駁回，廟方隨後以重修關帝廟提出申請才通過。兩年後建成，將廖添丁入祀關公廟，既不能名正言順地稱為廖添丁廟，也不能只稱關公廟，因此一九八五年重建後改名為「漢民祠」。

「漢民祠」非常吻合當時政府致力消除日本文化，強化對中國傳統文化認同的政治氛

圖14 添丁公園

圖15 位於添丁公園內的漢民祠舊廟（主祀廖添丁）

圖16 廖添丁墓園

漢民祠（請參見圖13）就蓋在廖添丁墓前，該墓園現設鐵窗、鐵門，不知情的遊客經常找不到。

圖17 漢民祠紀略碑（左）和廖添丁墓碑（右）

圖18 廖添丁留著長辮子的漢人形象（立於漢民祠舊廟）

圖19 立於添丁公園名為「義魄」的廖添丁雕像

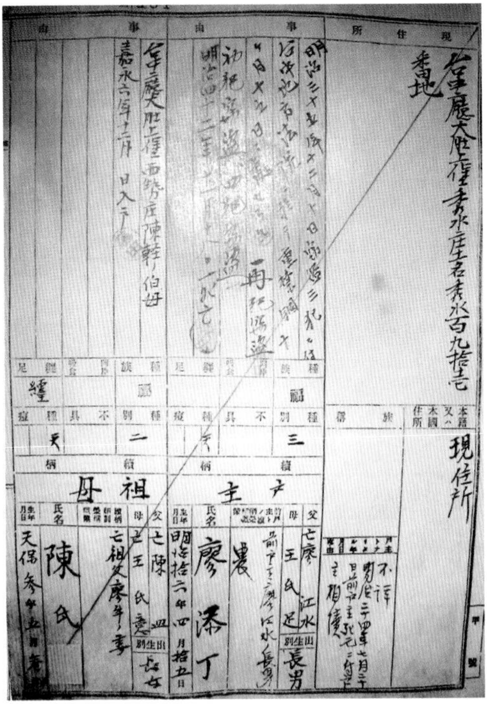

圖20 除戶簿
能夠證實廖添丁是真實人物的文件，首批現存於臺中縣清水鎮戶政事務所的日治時代明治年間的「除戶簿」。（攝於國立中央圖書館臺灣分館展場）

圍。廟裡〈漢民祠紀略〉（圖17）記載：廖添丁是出自福建的漢人血緣，因不願被異族統治，才藉著劫富濟貧來凸顯民族大義[14]。

廖添丁圖像是留著長辮子的漢人形象（圖18、19），加上「抗日、反日」光環，使他升格為民族英雄，大大提升了廖添丁廟的形象與神明的正當性。

廖添丁是虛構傳說？還是真有其人？文史工作者考證之後，確定廖添丁真有其人（圖20），他是臺中清水鎮秀水庄人，一八八三年出生，清朝將臺灣割讓給日本那一年，廖添丁十二歲，死時年僅二十七歲。他的生平傳奇有大半是死後才塑造出來的，反日、抗日行動最被推崇，尤其是挑戰日本警察的事蹟[15]。

據說廖添丁小時候聰敏、機智，童年因家境不好幫人放牛，少年時到臺北謀生，曾當過鐵道工人，常看到日本警察或親日的臺灣富豪仕紳壓榨臺灣人，因而萌生反日思想。

更有傳說廖添丁結交行走江湖的奇人異士，學了一身好功夫；可用隨身的腰巾飛簷走壁、飛天遁地，也擅長易容術與少林武功，甚至會隱身術，能來去自如地竊取臺灣總督府官印，及日本警察的槍械彈藥。

在日本人高壓統治下，廖添丁為了對抗日本政府，專挑親日的臺灣富豪仕紳打劫行竊，得手財物用來濟助貧民；更多次毆打、羞辱日本警察，公然挑戰日本人的統治權威，成為日本警察的頭號緝拿對象。

根據現存國史館臺灣文獻館的臺灣總督府《凶賊廖添丁搜查報告》，發現在當時紀錄中，廖添丁犯案累累，日本警察一直將他視為竊盜，而不是抗日分子。他一九〇九年三月八日最後一次出獄，直到十一月十八日死亡的短短九個月之間，犯下包括殺警等五件重大刑案，才成為日本警察重金懸賞的要犯（圖21）。

當時大名鼎鼎、神出鬼沒讓日本警察無法近身的廖添丁，戲劇性死亡震驚了臺灣社會。有關廖添丁死因最具權威的資料應是當時臺北廳長井村大吉向總督府提交的報告，其中指出：廖添丁曾和謝姓茶女同居，犯下五件案子後，謝女安排他藏身在今新北市八里區阡山

圖21 日本警察重金懸賞的凶賊廖添丁（攝於國立中央圖書館臺灣分館展場）

的猴洞內，並委託她的小叔楊林送飯，不料楊林可能是貪圖賞金，密報日本警察圍捕廖添丁。

日本警察在楊林的前導下進入猴洞，兩者保持十二至十五公尺距離，廖添丁睡眼惺忪起床，看見警察逼近，知道是楊林告密，舉起偷來的警槍打算射殺楊林卻卡彈，楊林則毫不猶豫地撿起身旁的鋤頭猛擊廖添丁額頭，日本警察沒射出一發子彈，廖添丁即已氣絕。楊林雖獲得二千元賞金，但也因殺人罪入獄多年。

廖添丁的死亡太突然，讓長期追捕卻始終無功而返的警察很沒有面子，當時官方的漢文報紙《臺灣日日新報》報導：廖添丁是罪大惡極的匪徒，連他的家族都不齒他的行為；楊林因廖添丁和他的兄嫂發生姦情，同時覬覦廖添丁身上的鉅款而謀財害命。

日本官方說法指稱楊林與廖添丁狼狽為奸，互相殘害，其實是為廖添丁戲劇化喪命的不合理情節尋求合理性解釋；並用來警告臺灣百姓法網恢恢，諸惡莫作。

按廟中所立〈廖公墓碑紀略〉（圖17）記載：廖添丁被殺害後，第二天遺體就下葬在訊塘埔墳地。當時圍捕廖添丁的日本警察之一松本建之的妻子在廖添丁死後突染怪病，群醫束手無策，後來松本在鄉人規勸下替廖氏立碑建墓並加以祭拜，他的太太不久後竟然不藥而癒[16]。但這個說法有些矛盾，廖添丁死後一天就建墳；若是廖添丁死後作祟讓人罹患怪病，建墳時間理應更晚些。合理推測是廖添丁墳墓確實是由日本警察所建，但只是職務上必須埋葬死亡的罪犯遺體，與顯靈作祟等事無關。

臺灣民間有「幽魂祟拜」，主要祭祀無主孤魂和橫死厲鬼。廖添丁因「不得其時、不得其地、不得其法」而凶死，被村人奉為厲鬼。厲鬼有能力使信眾有求必應，於是出現廖添丁顯靈可以治病的傳說。

一九一〇年一月十六日，《臺灣日日新報》報導：許多人相信「生時凶猛，死後必為雄鬼」，凡是感冒及各種季節性發生的疾病，到廖添丁墓前持香祈求庇佑，相當靈驗，後來遠近相傳，膜拜者絡繹不絕，僅幾天，墓前連能插香的地方都沒有了。

六天後，該報又刊出〈雄鬼為厲〉的報導：某位祈求廖添丁治病的村民，病癒後沒有履行諾言酬謝，被廖添丁托夢責怪。這件事傳開後，大家趕緊供奉牲畜，演布袋戲酬謝，到廖添丁墓參拜的人因此愈來愈多。

從當權者的角度來看，擾亂社會的刑事罪犯死後還繼續影響社會風氣、助長迷信之風，當然要介入處理。廖添丁死後三個半月(一九一〇年三月四日),《臺灣日日新報》又刊出〈非其鬼〉報導:記載了警察介入拔去廖氏墓碑、驅散信眾的過程;但此後反而出現了信眾跑給警察追的怪現象,經常是警察前腳剛離開,信眾隨後就開始集結祭拜,警察發現又前來驅逐。可見政治力量仍難以抵擋民間信仰的力量。

廖添丁的傳奇故事在死後陸續被發掘、被鋪陳,除了報紙報導帶來的宣傳效果,日本退休警官庄田和臺北朝日座劇院老闆高松豐次郎也扮演推波助瀾的角色。據《臺灣日日新報》報導:一九一一年八月十七日,朝日座劇院開始演出「改良戲」,由他們二人共同編劇,以警察搜捕廖添丁為主題,共二十餘幕。兩年後朝日座再度演出「廖添丁」,甚至連夜演出廖添丁故事前後篇,戲劇內容雖是強調凶賊因果報應,卻「頗投人好、觀者滿座」,可見受歡迎的程度。

此外,一九二一年成立的「臺灣文化協會」[17],就選上廖添丁做為宣揚民族精神的榜樣,將他的犯罪行為合理化為對異族的抵抗;同時間,臺灣民間流行的「文明戲」中,則將廖添丁演成仗義勇為、除暴安良、劫富濟貧的「義賊」形象、甚至是與日警對立的「抗日英雄」。

由於廖添丁劇情已經有了抵抗日本的行為,至日本統治後期就被禁演;但廖添丁的故事從未被遺忘,更成為八里的民間信仰。

臺灣光復之後,國民黨政府為發揚中國傳統文化、凸顯臺灣人民受日本殖民逼迫統治,

圖22 雲林斗六的行義宮漢民祠

在一九五六年上映的《廖添丁傳》電影中，廖添丁肩負鼓吹抗敵意識的時代使命，延續「劫富濟貧、抗日英雄」等形象。雖然因廖添丁是盜賊，官方無法大剌剌在公開場合或教育上宣揚，但廖添丁的傳說卻頗能滿足民眾的心理需求，成為另類的愛國教育題材。

隨後以廖添丁為題材的童書、戲劇、廣播逐一問世，再加上以廖添丁為祭祀對象的廟宇（圖22）[18]所帶來的影響，使廖添丁傳說至今持續流傳著。

從一介竊盜、殺人的「凶賊」躍升為正義的「義俠」，如此大的轉變，臺灣史上相當罕見。如今廖添丁廟仍是八里著名的風景名勝，信眾們不見得關心廖添丁到底是大盜、義賊，還是民族英雄，只希望他能繼續大展神威，滿足他們心中祈求的願望。

吳鳳與廖添丁的傳說在歷史長河中，被各種因素與力量形塑，成為臺灣人集體記憶與民間文化的一部分。值得思考的是，對於臺灣人民而言，「偉人」、「英雄」的標準該是什麼呢？

附註

1. 通事的職務是從事漢、番之間的語言翻譯，以及政令宣導兼經商，當時屬最基層公務員，相當於後來的山地指導員，但現在原住民與漢人之間，已無語言隔閡，所以不再有此類職務。

2. 此說法不正確。古代的臺灣原住民中，除了蘭嶼的達悟（雅美）族外，其他族皆有獵頭習俗，稱為「出草」。按學者研究，出草的原因可分為：一為報復：當近親宗族或血族被異族人殺害時。二是決勝敗、定曲直：當社中發生紛爭，且兩方各執己見不肯退讓時，便會訴諸「神判」，能獵得人頭的就是正確的一方，沒有獵到人頭的就是理屈的一方。三為名譽：包括取得能力、地位及博得名聲。四為禁忌：包括為驅逐社中惡疫流行的病魔，為驅除不吉，以防社中再發生不祥的事；甚至有父兄死亡時，必須出草才能算服喪完畢；或因不堪近親死亡，居喪期間鬱悶而出草；也有凶年時祈求豐收，便會出草。五為思親追遠：獵獲人頭，被認為是子孫追遠的要道，父母親臨終時，會對男孩留下遺囑說：「絕對不要遺忘祖先的習俗，要獵人頭，要拿出勇氣。」更重要的是，原住民不屑砍漢人的頭，當然不會要吳鳳的頭。

3. 請參見《被誤解的臺灣史》第十三單元〈客家人的義民廟〉。

4. 翁佳音教授認為這種說法不符合原住民獵頭的儀式。

5. 陳其南教授說：「原住民沒有建廟的觀念和技術。」翁佳音教授也認為按鄒族的文化背景，不可能替吳鳳立漢式廟宇，所以當時就是豎立圓形石頭做為印記。

6. 按鄒族的說法：吳鳳曾經慫恿族人拿出鹿皮、鹿肉，與漢人交換柴、米、布匹，從中獲取暴利，在長期不公平的交易與剝削下，鄒族人生活日益窮困，於是與吳鳳起了衝突，吳鳳用計炸死了四十多個族人，鄒族人前來理論時，當場以箭將吳鳳射死。

7. 吳鳳的資料很少，僅有一八五五年劉家謀的《海音詩》內有詠吳鳳詩，附註〈成仁事蹟〉；一八九四年倪贊元輯《雲林縣采訪冊》打貓堡、凶番，附〈通事吳鳳事蹟〉；另外則是找到吳鳳的「武冠軍服像」與「吳府中王神位」、「皇清阿里山通事安撫效吳諱鳳公神位」等神主牌；後來又發現重要的證據是與吳鳳相關的三件契約：契約一、二現存於嘉義縣中埔鄉吳鳳廟的史蹟陳列館；契約三則見於伊能嘉矩《臺灣文化志》。至此終於可以肯定地說：臺灣歷史上真的有吳鳳這個人。

8. 臺灣的山區盛產樟腦，阿里山更是極佳的檜木山林區。請參見本書〈臺北如何變成臺灣的政經重心？〉單元。

9. 日本原先認為原住民獵頭是因與漢人衝突，加上統治初期，平地武裝抗日活動方興未艾，無暇顧及高山地區原住民，因而僅設「撫墾署」，以和平安撫策略為主，避免使用武力。

10. 日本後來發現原住民獵頭對象不限於漢人，且認為臺灣山地經濟利益的最大障礙就是原住民的獵頭習俗。佐久間左馬太總督一反過去的安撫策略，改以鎮壓討伐為主，威嚇懷柔為輔，對有出草獵人頭習俗的原住民，即以武力征討。經過一九〇六年至一九〇九年共十八次征討，以及一九一〇年至一九一五年的「五年理番計畫」，對於原住民鎮壓大致完成。

11. 獵頭習俗對日本經濟利益的影響，按當時的代理警察署長大津麟平所說：「（原住民）首狩較多時，一年可達五百至六百個左右的頭顱。臺灣樟腦年產五百萬斤至六百萬斤，可得四百萬日圓。樟腦都是從治安最惡的番族所占番地生產的。」兩者之間的得失關係，從樟腦的利益可以看得很清楚。

12.《阿里山風雲》（一九五〇年，萬象）、《吳鳳》（一九六二年，臺製），我們熟悉的〈高山青〉這首歌就是《阿里山風雲》的主題曲。

13.一九七四年東廂闢吳鳳陳列室，室中懸有國民黨大老孫運璿、邱創煥和林洋港的贈匾。

14.祠曰「漢民祠」者，尊崇義人，廖公添丁也。氏籍臺中秀水，生於清光緒九年，其先世系出自福建，父名江水，母王氏。甲午之役，橫遭日寇慘戮，氏年幼，脫險於鋒鏑，傭牧於豪門世家；及其長也，浸潛於技擊，器度恢宏，嚴夷夏之辨，樂扶弱抑強，悲憤日寇之高壓，憐憫民胞之善良。嘗往來本省南北，助孤弱以伸張公義，其作為遭嫉於日寇，由是潛跡江湖，鋌劍仗義，聲名益盛。何其於清宣統元年十一月十八日，疎於警惕，卒陷詭謀，殞命於八里鄉荖阡坑，享年二十有七歲，遺體草瘞斯土耳。迨抗日勝利，臺灣光復，父老仕紳緬懷氏之義行風範，何其身後之草草，實感愧對英靈，原倡議修葺墓園，以壯觀瞻，聊表敬忱，繼而發起建祠，由地方熱心仕紳林清圳等主其事焉。嗣後組織管理委員會管理之，委員芳名列後，實淵源於吾漢族固有之傳統美德，宜宏揚之，乃有倡之易「廖添丁墓園」名稱之議，旋呈准寺廟管理當局，改名「漢民祠」誌以宏揚廖公風範云。

15.日本沒有統治殖民地的經驗，對第一個殖民地臺灣的統治初期沒有方針，社會的紊亂是可以想見的。加上當時反日、抗日行動很多，臺灣總督府於是建立一套嚴密的警察制度，地方行政以警察為中心，警察被稱為大人，權力甚大，任何事務均有警察介入，所以稱為「典型的警察政治」。

16.廖添丁廟中有添丁公園，入口處旁樹立了墓碑，右側寫著「明治四十二年十一月十九日」，中間寫著「神出鬼沒廖添丁之玟墓」，左邊寫著「松本建之」。意即日本人松本建之為廖添丁建墓碑，為何如此？按〈廖公墓碑紀略〉（亦立在墓碑旁）所說：「廖公殞命後，英靈激蕩，祟日警巡查部長松本建之，致其家無寧日，松本氏無奈，乃許以義子禮事之，四時牲香祭拜，並為立碑紀念，其祟始解。後為其上司查禁，拔棄墓碑。光復後墓碑復為鄉紳尋獲，仍立玟墓前，其後擴建基囿，添置新碑，特將原碑移置於此，以供觀瞻。」

17.請參見本書〈戒鴉片〉單元。

18.全臺灣以祭祀廖添丁為主的寺廟有三間，除了八里的「漢民祠」之外，還有臺中清水的「廟聖宮漢民祠」及雲林斗六的「行義宮漢民祠」；陪祀廖添丁的廟宇則有臺北市大同區的霞海城隍廟、臺中市的慈航山三清聖境、臺中市七賢宮。

大事記

1699　一月十八日，吳鳳出生於福建平和。稍長隨父母移民來臺，居住在諸羅縣

1723　吳鳳被選為阿里山通事

1769　吳鳳死亡

1820　通事楊秘就吳鳳公廨創建廟宇，每年八月十日吳鳳殉職日舉行祭祀，鄉民俗稱阿里山忠王廟

1883　廖添丁出生

1884　一度籌議重修吳鳳廟，結果不詳

1892　社口鄉民再議修繕吳鳳廟，結果仍不詳。鄉民建議將吳鳳廟列為祀典，未准

1904　後藤新平到吳鳳廟祭拜

1906　嘉義大地震，吳鳳廟傾圮

1909　廖添丁三月八日最後一次出獄，十一月十八日死亡

1910　日本開始實施「五年理番事業計畫」

1911　八月，朝日座劇院開始演出廖添丁故事的「改良戲」

1913　嘉義廳長津田義一在民政長官後藤新平慫恿鼓勵之下，推動募捐重建吳鳳廟，三月十九日新築落成，舉行大祭典，由臺灣總督佐久間左馬太主祭

1921　「臺灣文化協會」選廖添丁為宣揚民族精神的榜樣，民間文明戲也將廖添丁描述成「義賊」

1925　嘉義郡守荒木藤吉以吳鳳廟為風雨侵蝕、白蟻侵害為由，倡議重修未果

1930　十月底發生霧社事件；年底出版三浦幸太郎《義人吳鳳》

1931　嘉義郡守佐藤房吉重修吳鳳廟，臺灣總督太田政弘親來祭拜；嘉義中學校長三屋靜撰〈吳鳳傳〉，並由教員改編成舞臺劇

1932 ■《義人吳鳳》電影上映

1937 ■發生七七事變，下令禁止祭拜吳鳳

1945 ■臺灣光復

1946 ■將阿里山鄉改名為吳鳳鄉

1950 ■《阿里山風雲》電影上映，〈高山青〉即為主題曲

1953 ■嘉義縣長林金生重修吳鳳廟

1956 ■《廖添丁傳》電影上映

1958 ■修建成廖添丁祠

1962 ■《吳鳳》電影上映

1973 ■成立廖添丁墓園管理委員會；莫那・魯道重新安葬於霧社

1974 ■吳鳳廟東廂闢為吳鳳陳列室，陳列有關吳鳳遺物、文物

1980 ■七月，陳其南教授發表了〈一則捏造的神話——吳鳳〉

1984 ■臺灣原住民運動興起

1985 ■擴建為吳鳳紀念公園，代表「臺灣原住民權利促進會」的胡德夫等五人到達現場抗議；廖添丁廟重建，改名為「漢民祠」

1988 ■教育部刪除小學課本的吳鳳故事；十二月三十一日，林宗正牧師率領了數名原住民青年以電鋸拆毀嘉義車站前的吳鳳銅像

1989 ■一月，吳鳳廟遭到縱火；三月一日，內政部將吳鳳鄉改回原名阿里山鄉

7 臺灣人的時間觀

你以為：漢人移民將「一寸光陰一寸金」的觀念帶進臺灣

事實是：日本統治後，臺灣人才開始有時間觀念

圖1　「時間就是金錢」宣傳海報（攝於林口霧社街）

忙碌而講求效率的現代臺灣人很重視時間，常將「一寸光陰一寸金，寸金難買寸光陰」[1]、「時間就是金錢」[2]掛在嘴邊，其實臺灣人以「時、分、秒、星期」計時的觀念是日本統治臺灣後才帶進來的（圖1），僅短短一百多年。

臺灣人和計時工具的接觸始於十七世紀來臺荷蘭人用的沙漏，後來渡臺漢人則是帶著滴

圖2　郵票
劉銘傳參考中國海關郵政在臺北設立臺灣郵政總局，於全省各地廣設郵局，並訂下局寄路線與送信時間。（攝於安徽合肥肥西劉銘傳紀念館）

圖3　電報關防
劉銘傳一八八六年在臺灣架設水陸電報線，當時主要城市如嘉義、臺南、彰化、新竹、臺北、基隆都已設有電報局，電報總局設在臺北。臺北經淡水到福州的電報管線全長七百公里，大大改善了島內外的電訊交通。（攝於安徽合肥肥西劉銘傳紀念館）

漏（水鐘）與香印[3]計算時間；接著是清朝官員帶來日晷與燭刻；繼而是航海的人為精準掌握潮汐漲落時刻以便船隻航行及停泊，會用焚香或沙漏等較精確的計時工具。

臺灣人開始接觸西方人的時間觀是一八六〇年代淡水、打狗開放通商口岸後，有了新式海關制度、輪船運輸，輪船發班時間是以「週」和「時」計算；開放通商口岸十八年後，打狗海關第一次進口鐘錶，隨後淡水海關、安平海關陸續有鐘錶進口的紀錄。

一八八五年，劉銘傳被任命為首任臺灣巡撫[4]，三年後開始實行郵政系統（圖2），淡水至福州的海底電報管線鋪設完成，臺北至打狗的電報系統也完工（圖3）；建省八年後，基隆到新竹的鐵路完工通車（圖4）。這些新設施建成後，就有了新的工作時間規範，如電報局員工採「三班制」，一天分成三個班次，每個班次八小時；火車每日來回臺北、新竹四次，每天早晨七點開始發售火車票（圖5），當時火車、輪船的燃料是煤，供給煤料的礦工工作時間是八至十小時。

不過當時鐘錶價格昂貴，進口數量不多，用來象徵身分地位遠大於計時

圖4　臺灣第一輛火車
一八八七年劉銘傳奏請興建由臺北到基隆的鐵路，並向德國購入三部蒸汽火車，第一輛行駛臺北到基隆的火車為騰雲號（其他兩輛下落不明），今存放於臺北二二八紀念公園。（國立臺灣博物館提供）

圖5　清代臺灣的火車票
大清臺灣郵政局發行有上龍下馬圖案的二十文錢「龍馬票」，被臨時改成了火車票。（攝於安徽合肥肥西劉銘傳紀念館）

的用途；劉銘傳建設臺灣所引進的新工作時間規範，也沒有明顯影響當時社會的時間觀念。

直到日本開始統治臺灣後，在一八九五年六月十七日施行標準時間[5]；約半年後，臺灣總督府公布日本東京所在的東經一百三十五度為「中央標準時間」；以東經一百二十度子午線作為臺灣、澎湖群島、八重山及宮古群島的標準時間，稱為「西部標準時間」，並自隔年一月一日起實施（日本比臺灣早一小時）；隨後被日本併吞的朝鮮（今韓國）及中國東北等殖民地都先後納入「西部標準時區」。

日本統治臺灣第二年，為了傳遞軍情、鎮壓島上反抗勢力，在全臺建立了十六個野戰郵便通訊站作為電報網。兩年後，這些通訊站轉成一般民眾都可使用的普通電信服務單位，再過十三年發展成一百七十八個郵局（也是電信局），這些通訊單位就成為推廣標準時間的重要管道。

隨著臺、日間交通工具進步，一九三六年底，開始以飛機作為主要往來的交通工具，臺灣與日本的時差經常引起混淆，於是隔年廢除西部標準時區，所有殖民地都以日本中央標準時間為準。

臺灣總督府為了讓官員都能知道正確時刻，統治臺灣第十天就實施「午砲報時」，每天十一點半由近衛野戰砲兵聯隊到海軍部校準時鐘後，正午時刻發砲提醒人們校準時刻。

十八年後，臺南民間自行成立午砲組合，由各街庄分擔大約三十元的火藥人事經費；

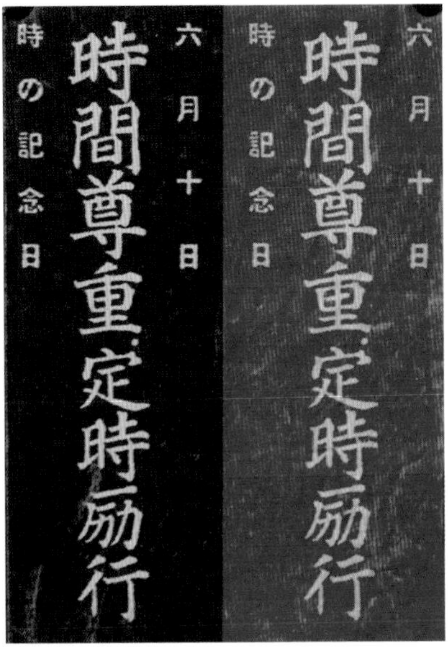

圖6 時的紀念日的「守時傳單」(1)
（攝於林口霧社街）

圖7 時的紀念日的「守時傳單」(2)
（攝於林口霧社街）

臺中比臺南晚了八年才有午砲；後來一些小鎮陸續實施午砲，大家慢慢習慣了聽到午砲就是休息吃午飯的時間，而各公家機關、學校就開始午休或下班、下課了[6]。

午砲制度隨著一九二一年華盛頓軍縮會議決議約束日本軍備而結束，但日本接著在臺灣推行「時的紀念日」。

日本為了加強人們認識時間並養成守時習慣，曾於一九二〇年在東京舉行「時鐘展覽會」，制訂六月十日為「時的紀念日」，隔年開始在臺灣推行。每年的這一天會有各種宣傳守時觀念的活動，例如：以學校為宣傳機構，向學生說明守時、惜時的重要性，並派學生在大街小巷散發傳單（圖6、7），或以遊行隊伍沿街奏樂唱歌，在熱鬧氣氛中吸引群眾以達到宣傳效果；同時結合各地青年團以及社會團體進行宣傳，連廟會活動都極力強調要嚴格遵行節約時間及守時精神；還利用各種交通工具（如火車、汽車）的喇叭做為報時工具；更有趣的是會透過停電來告知時刻。

在日本推廣時間觀念的活動中，主要的參與者是學生；在臺灣推動全新的標準時間，最重要的宣導管道同樣透過教育體制（圖8）。

臺灣社會最早接觸「星期」的時間單位是荷蘭統治時期，荷蘭人在新港（今臺南新市）等原住民地區開設的學校就是以「星期」安排課程；但是漢人傳統書院教育都是以「旬」（十天）或「朔」（初一）、「望」（十五）為單位。淡水和打狗開港後，臺灣人與外國人通商交易就得以「星期」為單位；到了日本統治時期，總督府規定星期日為休息日，學校星期六下午不上課，學校的課程都是以「週」為單位安排授課的分量和進度。

日常生活中，透過學校的各種規範來養成學生遵守時間的習慣。例如：住校生每天五點至五點半起床參加朝會，接著男校學生要做晨間體操運動，再吃早餐，然後上課。學校上下課時間都是以手搖鈴（圖9）的鈴聲或鐘聲為號，下午上課一般是十二點半開始，兩點半下課；如果是實業學校（即職業學校）的學生，下午則是實習課。

住校生在宿舍的作息規定很嚴格，外出遲回會被罰跪、責罵等，以此培養嚴格的守時紀律，學生更在每日以小時為段落的學習活動中，不知不覺習慣了分段的時間。

圖8 日治時期學生上課景象
（國立臺灣博物館提供）

圖9 手搖鈴
（攝於淡水偕醫館）

除了生活習慣，更從各式各樣的課程中認識時間。國語課教學生認識時間的語彙，算術課則教學生如何看鐘錶及學會時間的運算，更進一步則是度量衡及貨幣的計算能力。

由於鐘錶時間不是十進位，必須先熟悉四則運算與小數才能學習；因此到四年級第二學期末才安排三個小時課程教導學生「時」、「分」、「秒」六十進位的四則運算；五年級第二學期則安排了十二小時的時間運算，如「臺東的夏至日白天長為十三小時三十一分，請問共幾分鐘？」或「花蓮港的冬至日白天長為六百五十二分鐘，請問共幾個小時幾分鐘？」之類的題目。

而更細微的「秒」時間單位，就需要在體操課上才能感受得到。日本的《臺灣公學校規則》規定體操課的目的與內容，在「授以遊戲及普通體操，注意學生姿勢，使其成長之肢體能均衡發展，保持健康快

圖10 **糖廠小火車車站——虎尾驛（建於一九〇八年，位於雲林縣虎尾糖廠）**
私營鐵道最早是一八九六年五月籌組的「臺灣鐵道會社」，當時總督府因財源不足，想找日本民間資本來興築縱貫線，但因日本國內經濟蕭條，民間企業投資意願不高。真正促使私營鐵道進一步發展的是一九〇五年以後大舉進入臺灣的日本糖業資本，至一九四三年止，共有三千零二十四・二公里，私鐵會社共有二十二家，其中多半是由糖業會社經營，分布地區以嘉南平原為主。

活之精神及養成守規律的習慣」。就在學生一面數著「一、二、三、四」，進行整齊劃一動作的同時，也學習了精準掌握時間的節奏。

《公學校修身讀本》即是學生入學第二週會安排的兩小時課程，教導學生上課守時的好處。上課遲到必須從教室後門進入，等老師同意才能坐下；若要早退必須向老師報告事由，得到准許後才能離開。

日本統治臺灣三十五年後是教育急速擴張時期，當時臺灣學生能讀完六年小學的比例達七成以上。顯然日本企圖透過學校一系列的教育，逐步強化臺灣學生在團體生活中不可遲到的時間勵行規範應是有些效

圖11　行駛在北港鐵橋上的糖廠小火車（臺灣糖業文化協會提供）

果的。

學校之外，也透過社會教育[7]推廣時間觀。其中一九三二年底開始的「部落振興會」積極強迫臺灣人更改風俗，推廣國（日）語及灌輸「皇國觀念」。五年後更全面實施新的、計畫性集體生活內容，將村民組成家長部、主婦部、青年部、處女部（少女）、少年部，每一分部都要各自完成部落振興會所規定的工作。這個工作項目以五年為期，區分出國民精神涵養、公民修養、國（日）語普及、生活改善、產業振興、團體擴張強化、部落道場活動（即加強皇國民精神之活動）等。關於公民訓練，主婦部和處女部要在每星期六下午集會，青年部則在每星期日、每月一日、十五日舉行部落美化作業，進行全村大掃除。

公共交通運輸系統建立後，也讓臺灣民眾逐漸認識標準時間。一九〇八年，臺灣縱貫鐵路全線通車，成為整個鐵道系統的軸心，再加上私營鐵路（圖10、11）、

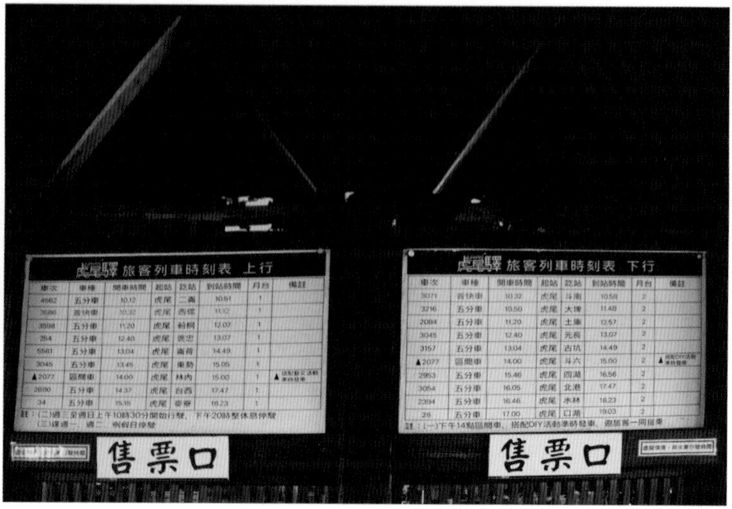

圖12 日治時期虎尾糖廠小火車的時刻表

（現為提供觀光用的虛擬時刻表）

手押軌道[8]，臺灣西部平原地帶形成了緊密的交通網，一列列按照時刻表（圖12）來回奔馳的火車成了報時工具，也促使民眾接受標準時間制度。

緊密的鐵道網路對民眾的生活作息有了極大的影響，火車時刻表的時間因此被切割得很細微，而準時是搭乘火車的必要條件，旅客因此愈來愈依賴時鐘。原先各火車站將時鐘放置在候車間內，後來新建的火車站都在面向街道的顯眼處裝設大型時鐘（圖13），即使不搭乘火車，走在街道上一眼也可以看到時間（圖14）。標準時間制度在日常生活中扮演的角色愈來愈重要。

那時鐵路、汽車、電報等新式交通及通訊工具中，汽車是總督府唯一開放給臺灣人使用的交通工具。一九一二年，臺灣出現第一輛進口汽車，到了一九三〇年代，汽車才真正開始流行[9]，日本人買車通常是為了自用，而臺灣人則大多是為了運輸營利。

圖13 新竹火車站的時鐘

圖14 西螺延平老街的鐘樓

當時臺北、臺中、臺南及高雄等大城市的交通路線比較密集，搭乘汽車的人較多，但是聯絡各鄉村聚落間的發車班次並不密集；當時汽車業者缺乏責任觀念，除了遲到、脫班，甚至因乘客太少而不發車；可見臺灣人雖有機會掌握汽車方向盤，但仍未建立掌控時間的習慣。

臺灣的農民則是透過工廠的紀律來認知時間。糖公司每天以「水螺」響聲[10]來提醒上工、下工時間，負責為製糖公司種植甘蔗的農民作息不是按生理時鐘，而是按水螺聲來決定。連住在製糖公司（圖15）附近、不屬於糖公司的農戶，每天聽到鳴聲，加上小火車的汽笛聲（圖16），也會產生某種提醒時間的作用。

另外，總督府所屬的專賣局工廠和礦山、製茶所等也都是以水螺響聲來控制上班、下班時間。製酒工廠按《專賣局工廠規程》管理員工，從每天清晨五點到晚上八點，以每十小時為單位分成日、夜兩班，每十天日、夜班交換。

至於休假，除了每年十三天特定休假日[11]外，每月可選擇兩個星期日為臨時特別休假日，依法每年固定有三十七天休假；如果勞工全年無休，再另給五天內之特別休假，父母祭日則給五天休假。雖是如此，但實行時卻未必完全按照規定[12]。

日本統治時期的臺灣，工業勞工人數較少，大部分人的生活步調仍然相當緩慢，根本沒有休息、休閒的概念。對當時的人來說，星期日的意義不是休息日，而是沒有收入的日子。

332

此外，日本人為了建構臺灣人的衛生和文化，會安排固定時間大掃除，或是做體操鍛鍊，既可強調日本的衛生觀，使精神狀態都保持向上奮發，更能在不知不覺中形塑了一種屬於日本的文化觀。

一九一六年四月，總督府為了慶祝統治臺灣二十年，在臺北舉辦「始政二十年勸業共進會」，吸引了八十萬參觀人次，由於國際宣傳效果良好，利用觀光拓展產業銷路的做法也因此受到重視；四年後，隨著日本的南進政策，更藉著國際觀光旅遊讓南洋各國認識臺灣的山林之美。

一九三〇年以後，日本在國際社會上備受英、美等國孤立，更需要國際宣傳以改變世人對日本軍國主義的印象，各式各樣觀光團體機構紛紛成立。日本中央政府設立「國際觀光局」，臺灣總督府則因一九三五年舉辦「始政四十年博覽會」而推動成立觀光機構，原有的「日本旅行協會臺灣支部」成立十二個辦事處，博覽會期間動員一萬多人舉辦各式展覽會、電影欣賞會等活動；又成立「臺灣旅行俱樂部」，並在十三個地區成立支部，召募了一萬餘名會員入會。

更重要的轉折是「國立公園」（即國家公園）的規劃[13]。總督府在一九三五年公布《國立臺灣公園法》，府內設立「臺灣國立公園協會」推動規劃國立公園，地方則陸續成立臺北州的「大屯山國立公園協會」、臺中州的「臺灣國立公園協會」、嘉義市的「阿里山國

圖17● 太魯閣國家公園的入口

立公園協會」及花蓮港廳的「太魯閣國立公園協會」（圖17）。

從此時起，觀光活動不再只是總督府以炫耀在臺灣的建設為目的。鐵道部編的《臺灣鐵道旅行案内》加入了遊賞的風景介紹，例如：臺北淡水、碧潭等；到了夏季，鐵道部還會在每週六、日對前往基隆、淡水兩地海水浴場的旅客打折，以至於每到週末，這些地方就人潮洶湧。工作六天、休息一天的時間觀慢慢地被建立，星期天或假日的休閒活動也開始在臺灣民間流行。

收音機廣播問世後，更深化時間觀的建立，日本廣播事業的開端在一九二五年，當年正是「臺灣統治三十週年紀念」，臺灣總督府曾試驗性地播音十天，開始了臺灣的第一次廣播，但真正的實驗廣播則是三年後才正式開始。

隨著日本內地的廣播事業日漸蓬勃發展，臺灣民眾也希望能夠收聽廣播，總督府在一九二八年十月設置臺北放送局（臺呼為JFAK），隔月開始進行實驗廣播，為鼓勵民眾裝設收音機，最初採取免收登記費與收聽費的優惠，一年後登錄的收音機即達九千多部。

收音機運用於社會教育最具代表性且影響層面最廣的例子，應該是「收音機體操」，這是一九三二年由日本國內開始的晨間健身運動，兩年後的夏天臺灣開始第一次全島播放，此後變成常態節目：夏季在清晨六點三十分播出，冬季則在七點或七點三十分播出，後來下午二點四十分再增加一次；此外，每年夏季連續十天舉行早上三十分鐘的數萬人體操活動。一九三八年，全島共有九百個會場，參加人數總共達二百萬人。

日本統治者將標準時間概念加入到臺灣人的腦袋，「守時」更成了臺灣社會的普遍價值。不管歷史上如何評價日本在臺灣的五十年，但就建立時間觀而言，倒是值得肯定的。

附註

1. 「一寸光陰一寸金」出自唐朝詩人王貞白〈白鹿洞〉詩之二：「讀書不覺已春深，一寸光陰一寸金。」明代小說家羅懋登《三寶太監下西洋記通俗演義》第十一回也說：「可嘆一寸光陰一寸金，寸金難買寸光陰。寸金使盡金還在，過去光陰哪裡尋？」
2. 「時間就是金錢」是美國發明家富蘭克林（Benjamin Franklin）於距今兩百多年前說的。
3. 香印就是把香製作成特定形狀，當燒到某個位置時，就知道是什麼時辰。
4. 請參見本書〈臺北如何變成臺灣的政經重心？〉單元。
5. 一八七一年在美國安特普（Antwerp）召開第一屆國際地學會議（The First International Geographical Congress, IGC），通過了一項決議，即未來世界各國出版的航海圖，應以格林威治為經度零度；一八八三年在羅馬召開的第七屆國際測量學會議（The Seventh International Geodesic Conference），認可以格林威治做為劃分時區的單位和做為零度經度的構想；一八八四年十月在美國華盛頓召開的國際子午線會議（The International Meridian Conference）制定了格林威治標準時間，日本是唯一參加的亞洲國家，而國際換日線就是考慮華盛頓與東京間的經度關係之後制定的。日本統治臺灣前七年，一八八八年正式採用格林威治時間系統。
6. 生活在高緯度地區的日本官員，一到臺灣的夏天就覺得酷暑難耐，因此從一八九七年起至一九二二年止，每年五月至九月，總督府官廳只上半天班，其餘日則中午休息到下午兩點。
7. 所謂社會教育是指對社會成員所實施的教育，社會成員以中年人、青年人為主。日本統治初期，臺灣接受學校教育的人數有限，但為推行同化、皇民化政策，乃逐漸重視社會教育，建立各種機構與社教團體，以推展皇民化政策。
8. 手押軌道車的時速約十二至二十四公里，比牛車快二至三倍，運費較牛車便宜將近一半。最早是總督府為運送軍需以討伐反抗者之用，一九〇九年至一九三一年，手押軌道路線成長五‧一一倍，之後逐漸被汽車取代。
9. 目前有紀錄可查最早的進口車是一九一二年臺北市「日之丸」酒店店長買了一輛車接送旅客。汽車數量增多主要是景氣變好以及人民對汽車認識較多，一九一八年汽車數量突破兩位數，並一度以倍數成長。汽車增加後帶來的交通問題、車禍事故愈來愈多，因此一九二〇年臺灣出現第一部交通法規，交通法規施行後改善用路環境。一九二三年關東大地震，身為大後方補給地的臺灣肩負運補物資的任務，救援物資採購也刺激了臺灣的景氣，是以汽車數量大幅成長，直到一九三一年，全臺已有二千六百五十二輛汽車。
10. 據臺灣糖業文化協會黃嘉益先生表示：水螺聲報時後來因與戰時作為空襲警報的聲響相同，怕有混淆而取消。
11. 包括年始（十二月二十九日至一月三日，共六天）、紀元節、天長節、傭人表彰慰安會日、始政紀念日、臺灣神社祭、明治節、大正天皇祭（一九二六年以後）。
12. 例如：一九一九年至一九二一年的休假日數短少，全年只有二十四天左右，如果扣掉規定十二天的祝祭日，每個月只能休假一天。
13. 一九三〇年霧社事件後，原住民對日本的反抗力量已告瓦解，日本得以開發臺灣山地成為國家公園。他們認為臺灣的文化或產業都不足以成為有力的觀光資源，而臺灣極富山林之美，是最具觀光價值的寶藏，不僅能引起日本人的旅遊意願，還能吸引更多國際觀光客來臺。

大事記

1860 ■淡水、打狗開港，臺灣開始接觸到西方時間觀

1878 ■首次進口時鐘

1885 ■臺灣建省，首任巡撫為劉銘傳

1888 ■淡水到福州的海底電報管線鋪設完成

1893 ■基隆到新竹的鐵路完工通車

1895 ■日本統治臺灣，實施「午砲報時」

1896 ■實施時區制，日本比臺灣早一小時

1905 ■日本糖業資本大舉進入臺灣

1908 ■臺灣西部縱貫線全線通車

1912 ■臺灣引進第一輛進口汽車

1916 ■舉辦「始政二十年勸業共進會」

1921 ■日本人停止午砲制度，開始在臺灣推廣「時的紀念日」

1928 ■臺北放送局成立，開始收音機廣播

1932 ■部落振興會進行社會教育

1935 ■日本總督府公布《國立臺灣公園法》，並推動觀光機構舉辦「始政四十年博覽會」

1936 ■臺灣和日本開始有飛機往來

1937 ■廢除時區制，臺灣和日本回復無時差

8

放小腳

你以為：日本人禁止臺灣女性裹小腳

事實是：西方攝影機及X光機科技破除了臺灣人對裹小腳的美感迷思

清代臺灣女性有裹小腳（纏足）的習俗，日本統治時期，雖想要解放臺灣女性的雙足，但是這條路足足走了五十年，直到臺灣光復初期，仍可看到裹小腳的女性。

裹起來的小腳稱為「三寸金蓮」（圖1）。中國盛行裹小腳的時

圖1　僅三寸（九公分）的臺南府城弓鞋

按高彥頤教授觀點，現代觀察者把追求纖小的纏足以及因此造成腳背凸起的弓形──美其名曰「三寸金蓮」──預設為一種恆常不變的特色；事實上，以「三寸金蓮」為理想並不能概括纏足的歷史，而是纏足的後期（明清時期）才產生的；換言之，是直到十六世紀高底鞋式興起，才產生的一種趨勢。風俗之始，並沒有此種說法。（三寸金蓮文物館館長柯基生醫師藏品）

期（圖2）[1]，任何在漢人[2]家庭出生的女孩只要經濟情況允許，大約五歲左右就會為她裹小腳（圖3）；即使經濟狀況不是太好，也會傾向這麼做。

那雙穿著繡花鞋的小腳（圖4、5），被視為女性美的表徵；在女大當嫁為唯一出路與生存意義的時代，宛如女性能否成功出嫁的階梯。

圖2　窅娘裹腳圖
南唐後主李煜的舞伎窅娘是纏足流行開端的傳說，來自南宋學者周密的說法。（取自《采菲錄》）

圖3　裹小腳用的椅子

纏足椅是讓小孩坐著以方便裹腳，還可以用來整理裹腳布；學者高彥頤教授更推測說：若不是纏足椅普及，纏足可能就不會從文學想像發展成具體作為。因坐在椅子上的姿勢有助展示雙足，既然雙足變得如此顯眼，因而會在鞋履添加華麗的裝飾，吸引眾人的目光。（柯基生醫師藏品）

圖4　裹小腳婦女

女性將聰明才智運用在繡花鞋的設計上，從質料選擇、款式，以精製的手藝，製作完美時尚的鞋履，以與姐妹、鄰居們一較長短。藉著纏足宣告身分也展現自尊，這就是纏足的魅力所在。（國立臺灣博物館提供）

圖5　中國式「芭比娃娃」

當時媒人不問「生得好看嗎？」而是問「腳多小？」她們認為「平凡的臉是老天給的，但綁得差的雙腳是懶惰的跡象」、「只有僕婦才有一雙大腳」等，亦即沒有纏足的大腳婆是嫁不出去的。一雙小腳為女孩和她的家庭贏得通往光明未來的門票，因而被解讀成好命或社會聲望的象徵。而圖中女性擁有一雙小腳、圓潤無骨感的體態，柯基生醫師說：這就是當代中國女人完美的形象。（柯基生醫師藏品）

臺灣裹小腳的婦女（圖6、7、8、9）大多屬福建籍的家庭[3]，而貧家女子即使明知出嫁後要負擔粗重工作，仍順應習俗勉強裹小腳；只有地位較卑賤的女婢等為了方便勞動而沒有裹小腳。

小腳真的美麗嗎？

十三世紀的南宋學者車若水即曾發表譴責裹小腳的言論[4]，十九世紀前半葉的清朝學者錢泳更建議地方官員發布禁止裹小腳的命令，但都僅止於個人意見表達，並未受到重視。

到了十九世紀末，因為西方攝影機及X光機的科技發展，赤裸裸地呈現出裹小腳女子變形扭曲的腳踝，小腳所代表的女性美觀念受到挑戰，轉而被視為陋習，並催生了放足運動。

圖6　永和小腳美女——林敏女士像

林敏女士是住永和地區的小腳美女，根據她的子孫敘述：她先生經常背著她去看戲，民眾一邊看戲，一邊競比女子的小腳，林敏女士每次都得到第一名。（柯基生醫師提供）

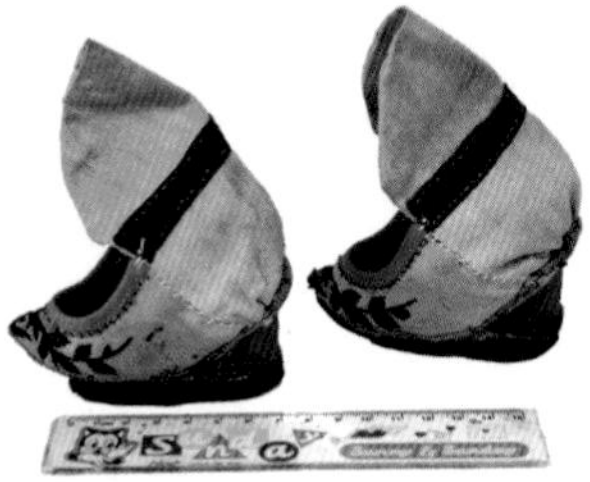

圖7　林敏女士的小鞋

從這雙鞋的尺寸，可知林敏女士的腳有多麼小。（柯基生醫師藏品）

圖8 林敏女士的藕覆（又稱膝褲，套在小腿及腳踝部位）
柯基生醫師指出：這套藕覆的花色不是中國傳統的花鳥圖紋，而是荷蘭式十字繡，應該是進口貨，可見當時外國也參與了纏足文化衍生的周邊產業。（柯基生醫師藏品）

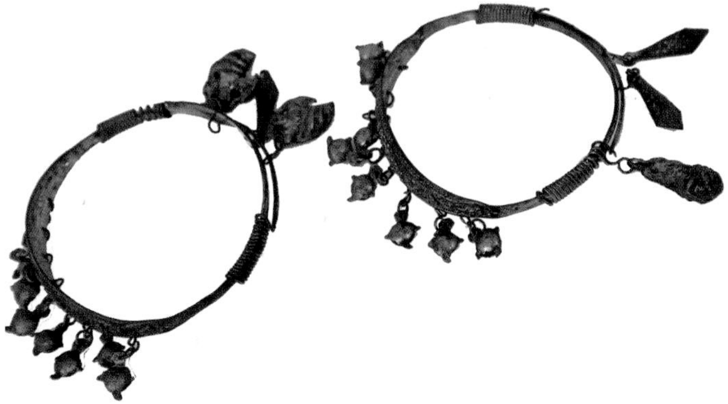

圖9 腳環
當時裹小腳的女性會將腳環掛在腿肚藕覆外層，附有鈴噹，走起路來叮叮噹噹是另一種風情。（柯基生醫師藏品）

一八七一年，英國籍攝影師約翰・湯姆生(John Thomson)在廈門找到一位願意讓他拍小腳照片的女性，由此產生了第一張裸足小腳的影像，此後陸續有許多攝影師、觀光客帶著相機到中國各處拍攝小腳鏡頭；X光機在一八九五年底由德國物理學家侖琴(Wilhelm C. Rontgen)發明，兩年後引進中國。這個可以透視人體的科技，很快被反對纏足運動的人充分運用。

清末的放足運動主要是由外國人推動。英國基督教傳教士麥高溫(John MacGowan)夫婦在中國傳教多年後，因信徒大多不願意捨棄裹小腳，一八七五年在廈門成立戒纏足會(The Heavenly Foot Society)，為了教育公眾，每年春、秋二季召開會議，提出「天足」說，強調裹小腳違背了基督教的「天賦雙足」原則，有違性別平等的意義，但成效相當緩慢；到了一八九五年，英國商人立德(Archibald J. Little)的夫人[5]與十名在上海的外籍女士一起創辦了天足會。

四年後，立德夫人開始在中國各地巡迴演講，而小腳X光片（圖10、11）就是演講時的道具，面對男性聽眾演講時，她說：男性認為小腳等同漂亮，其實是被精美的弓鞋所蒙蔽；她致力於揭露裹小腳的真面目，提倡「天足美、纏足醜」的觀念。如此宣導造成相當大的影響，該會甚至建議慈禧太后降旨禁止裹小腳。

裹小腳習俗在外國人「汙名化」的宣傳下，對中國知識青年來說，也成了「野蠻」的

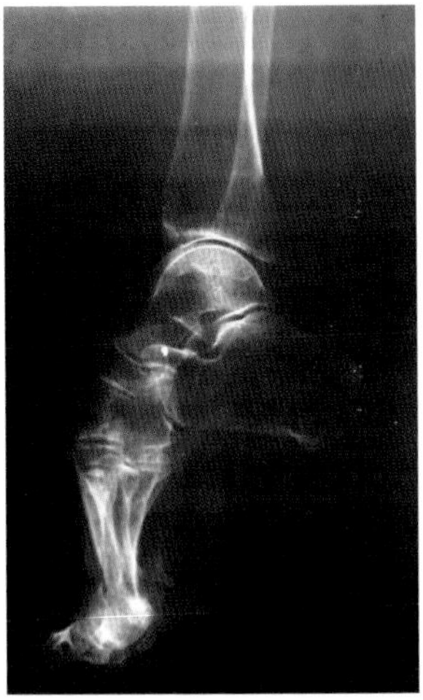

圖10 裹小腳者的腳踝X光片

X光機赤裸裸地呈現出變形扭曲的腳踝，「小腳」所代表的女性美觀念受到挑戰。（柯基生醫師藏品）

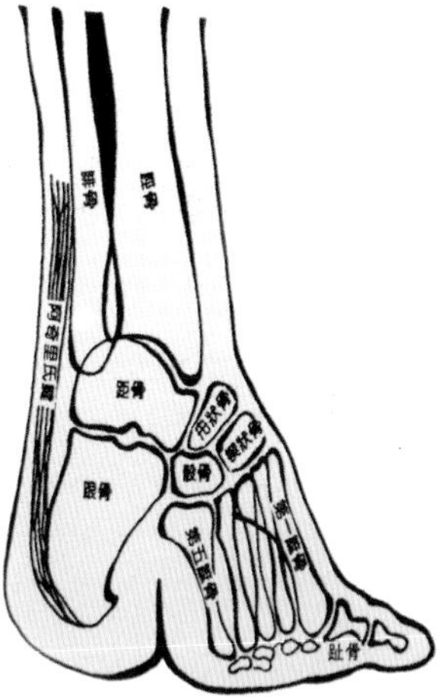

圖11 小腳骨骼示意圖

（柯基生醫師手繪）

標誌。特別是臺灣割讓給日本之後，裹小腳成了國恥，於是興起一連串倡導不裹小腳的運動。

如一八九八年，康有為在勸禁裹小腳的奏摺中提到：婦女裹足的照片讓外國人譏笑中國人野蠻，他深感恥辱。胡適也曾批判說：「全世界的人類裡，尋不出第二國有這樣的野蠻制度。」整個國家社會的青年世代對裹小腳者呈現了嚴重的野蠻焦慮。再加上《天演論》(*Evolution and Ethics*) 翻譯（圖12）引介到中國，中國人產生國族存亡的危機，才注意到

圖12 《天演論》翻譯者嚴復像

《天演論》是英國生物學家赫胥黎(Thomas Henry Huxley)的著作，最初發表於一八九三年，兩年後嚴復開始翻譯此書。（攝於安徽李鴻章故居）

圖13 **慈禧太后**

英國商人立德的夫人發起創辦的天足會，曾建議慈禧太后降旨禁止裹小腳。其實滿人本來就是不纏足的；因而一九〇二年慈禧太后順勢頒布《勸戒纏足令》，從此反纏足成為政策，更進一步被視為國恥。（攝於安徽合肥李鴻章故居）

歷史上經常被忽略的另一半人口，提出了女性是身負強國強種使命的「國民之母」論點，強調裹小腳的女性有礙國家強盛，放足當然是必要的。

梁啟超說：「女人是社會的寄生蟲。」又說：「中國有家眷的男子大半受累的多。女子裹了兩只小腳，諸事不能用力，坐吃做穿皆靠著男子。」直指「中國不強，大病在此」。他在維新運動期間，成立了「上海不纏足會」，參與該會的都是男人，而裹小腳女人是中國大病的觀念就藉著反纏足運動蔓延開來[6]。

一九〇二年，慈禧太后（圖13）頒布《勸戒纏足令》，從此反纏足成為政策，更進一步被視為國恥，裹了小腳的女性是「廢物中的廢物」，是亟需被改造的對象。進入民國之後，內憂外患不斷，國際地位未見改善，放足運動

圖14 現代裹小腳的老婦人
二〇〇六年在中國雲南仍可見到老婦人裹著小腳，賣著小鞋，倒成了觀光「賣點」。

直到一九四〇年代仍在進行中（圖14）。

臺灣在日本統治之前，由英國傳教士所辦的府城長老教會女學（今長榮女中前身）入學的條件就是：不得裹小腳，已經裹小腳的，就必須解開。《臺灣府城教會報》中更是刊登相關報導。這些算是臺灣鼓吹女子放足、受教育的先驅。

日本統治之後，由於日本人沒有裹小腳的習俗[7]，況且從明治維新以來，不但日本國內早已改變以往的舊習俗，也以現代化觀念標準來要求臺灣人，臺灣女人裹小腳變成有待改革的焦點。

日本統治初期，為了避免引發臺灣人的反抗行動，總督府只在刊行《臺灣開化良箴》中強調鴉片、辮髮及裹小腳三者戕害身心、有害衛生，應該盡量戒除；但先聽任自然，不隨意干涉。

第三任總督乃木希典就任時，明確指出臺灣三大陋習必須在一定限制下逐漸防遏；隨著一八九七年《臺灣鴉片令》頒布[8]，同時確立了辮髮、裹小腳的漸禁政策。

隔年，第四任總督兒玉源太郎繼任，仍強調漸禁政策，民政長官後藤新平也一再表示移風易俗、改造民族性格並不容易，但已開始透過臺灣官方色彩濃厚的第一大報《臺灣日日新報》宣導裹小腳的負面形象。例如：報導中將裹小腳的身體動作描述為「蹣跚行步」、「倚杖或人肩纔能步」，強調裹小腳婦女幾乎無法單獨自由行動，因此是最需要改善的風俗之一。

根據一八九八年八月六日的報導，強烈颱風侵襲北臺灣，臺北城內發生大水災，城內一帶共八十五人死亡，尤其以裹小腳的婦女為多數，特別標出災害傷亡與裹小腳的因果關係，有意引導讀者對裹小腳產生排斥感。

《臺灣日日新報》隨時報導中國各地的放足運動，以及日本橫濱、神戶等地中國維新人士組織不纏足會的消息，轉載重要的戒纏足言論與告示，順勢鼓吹放足。

更有記者直接質疑臺灣仕紳為何對裹小腳問題如此無感？一八九九年七月，署名「凌雲齋」的記者撰寫一篇〈纏足續談〉特稿，對臺灣納入日本帝國版圖之後，五年來竟無本地仕紳挺身而出反對裹小腳，明白表示失望。

圖15● 臺北大稻埕的地方領袖黃玉階
黃玉階具有多重身分，除了漢醫和大稻埕區區長之外，也是佛教先天道（或稱齋教先天派）的領導人，並於大稻埕日新街設立「普願社宣講所」，積極宣講教化。普願社宣講所後來就是天然足會的會址所在地。

日本除了利用媒體宣導，更積極邀請臺灣仕紳到日本，讓他們親眼目睹日本現代化的情形，才會心悅誠服，願意合作。一八九六年春，臺灣第一任總督樺山資紀卸任時，即邀請大稻埕富商李春生等人同行到日本參觀，總督府後來陸續邀請不少臺灣仕紳前往日本旅遊。一九〇三年大阪舉辦博覽會，總督府鼓勵臺灣仕紳五百多人前往參觀，並讓他們實際見識保持天足的日本女子，以及其教育和工作狀態。

一九〇〇年三月二十日，臺北大稻埕漢醫師黃玉階（圖15）、富商李春生等四十人正式共同發起成立「天然足會」。當天下午在大稻埕日新街黃玉階開設的普願社舉行成立大會（圖16、17），沿街兩邊架設戲臺，點起百枝華燈，有鼓吹隊在臺北市區

圖16 天然足會成立大會後於普願社前合影
左邊數來第六位為黃玉階。

圖17 普願社原址（至善堂）——天然足會會址
一八九一年，艋舺人獻建一齋堂名為「興善堂」，並推黃玉階任堂主，後遷居大稻埕日新街一丁目七番戶住宅為奉佛場所，又是勸善機關，即為「普願社」，地點在今臺北市大同區保安街四十九巷十六號。繼而黃玉階之養女陳昌賢也在隔壁設了齋堂「福慶堂」，由於兩堂教義相同，陳昌賢便合而為一，改稱「至善堂」，一九一五年重新興建。（資料由至善堂施建仁董事長提供）

遊行，宣傳裹小腳的弊害，還有由大稻埕及艋舺商人出資演出的子弟戲。

這個時間應該是刻意安排的，因為五天前，總督府正好邀請近一百五十位擁有進士、舉人、秀才等清朝功名的仕紳於淡水館舉辦揚文會[9]，進行為期一週的詩詞吟唱活動。這天揚文會會員參觀總督府的國語學校、砲兵廠、度量衡調查所、測候所、法院及樟腦製造所等「文明」場所，傍晚則來趕赴盛會。

成立大會上，總督兒玉源太郎、民政長官後藤新平、臺北縣知事村上義雄等親自出席，還有日本商人、日本赤十字社篤志看護婦人會會員（當時唯一官方婦女團體），參與的仕紳多達二百五十人，盛況空前，這是以組織方式推動放足運動的開始。

該會發行《天然足會會報》月刊，報導會員動態、放足狀況，刊載勸導解纏或戒纏詩文；更經常在普願社講堂利用宣講時機鼓吹放足。由於是日本官方支持成立，輿論就深表支持，經常報導該會消息。

「天然足會」其實由總督府在背後運作。黃玉階、李春生等人都是率先表示臣服於日本統治的臺灣仕紳[10]，當他們了解總督府對禁止裹小腳運動的期待時，自然樂於透過這個活動來強化他們與殖民政府的關係。日方則想透過該會推動文明教化，並動員本地菁英成為日本人與臺灣民間社會往來的另一窗口。

於是這個以臺灣女性的「腳」為主軸的場合，倒比較像是日本統治者與臺灣仕紳的社交場合。

宣傳「天然足」時，當然必須運用圖像——

臺北天然足會成立初期要到日本籌款，一位軍醫建議可以攜帶裹小腳女像，並以木頭刻成裹小腳的形狀（圖18），以便讓日本官民觀覽；黃玉階立刻請工匠製作，並找了兩位裹小腳婦人來拍照，果然藉著裹小腳模型（圖19）與照片展示，呼籲日本各界支持臺灣婦人放足運動，獲得了很大迴響。據說連日本皇室小松宮彰仁親王的王妃殿下也認為臺灣婦女有著不幸遭遇而慷慨解囊，寄贈了百圓金。日本的輿論也經常報導相關消息，在募集會員及籌措經費上，日本官民的協助可謂不遺餘力。

後藤新平在一九〇〇年繪製〈小腳骨骼圖〉（圖20），此圖功能類似醫學X光片，後藤熟悉醫學知識，並將西方醫學發現加以具體圖像化，強調只有自然才能形成一個完整的身體，以呼應天足會的成立。

一九〇一年，臺北醫院院長山口秀高繪製了一幅〈纏足真相圖〉，特地請民政長官後藤新平題字，致贈給天然足會；一九〇五年日本人出版的《臺灣慣習記事》，直接將裹小腳者足部骨骼如X光透視般描繪圖像，這些圖像中不僅看不到足部的美感與性感，看到的反而是扭曲變形的骨骼。

可見此時期天足運動的推廣是利用裹小腳婦女的腳踝透視圖像進行強力宣傳，使日方

圖18 木製的小腳模型
（國立臺灣博物館提供）

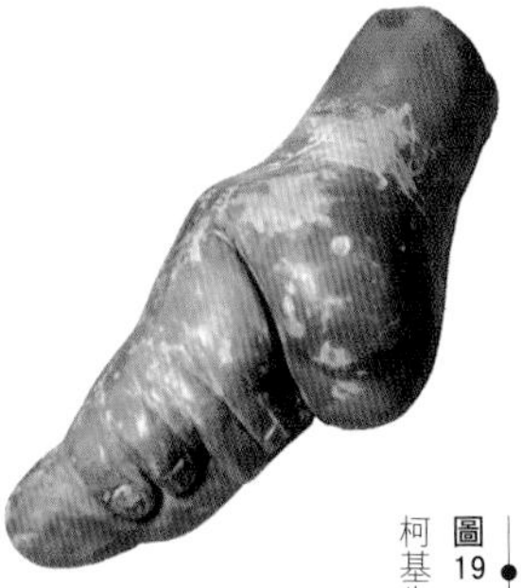

圖19 小腳模型
柯基生醫師以真人腳所做的模型。

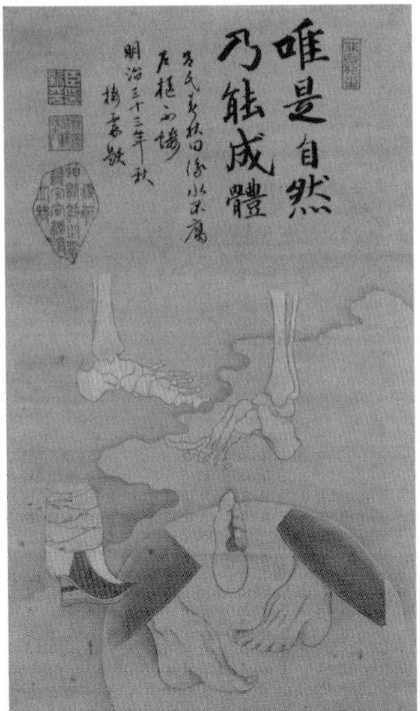

圖20 後藤新平繪製的〈小腳骨骼圖〉
提上「唯是自然，乃能成體」八字，意即只有自然，才能形成完整的身體，以呼應天足會的成立。旁邊加上小字：「《呂氏春秋》曰：流水不腐，戶樞不螻。」原意本是氣要不斷地在身體裡流通、運作。
（國立臺灣博物館提供）

圖21 臺華章
（國立臺灣博物館提供）

反對臺灣婦女裹小腳的人愈來愈多。

臺北天然足會的運作才一年多就發生困難，後來因黃玉階、兒玉源太郎等人捐助才得以解決。

但該會僅鼓吹放腳，不敢採取強制手段，因此只能講究實質獎勵，對放足或保持天然足的女性分別佩授附藍色或紅色絲帶、繡有「臺華章」三字的徽章一枚（圖21），兒玉總督同時另贈印有「不敢毀傷孝之始也」的絲巾一條（圖22）。

招募會員方面，剛開始時還算順利，包括大稻埕茶商公會全體加入，以及鼓勵各地區長、保正招募會員，但是隔年底之後成效就不大了[11]。而發起者與參與者清一色都是男性，其中有些人懼內，無法率先解放家中老婆和女兒的腳。

更重要的現實因素是：該會成立的政治色彩太過濃厚，與黃玉階友好的臺北縣知事在一九〇一年底地方的「廢縣置廳」[12]改制中去職，使得日

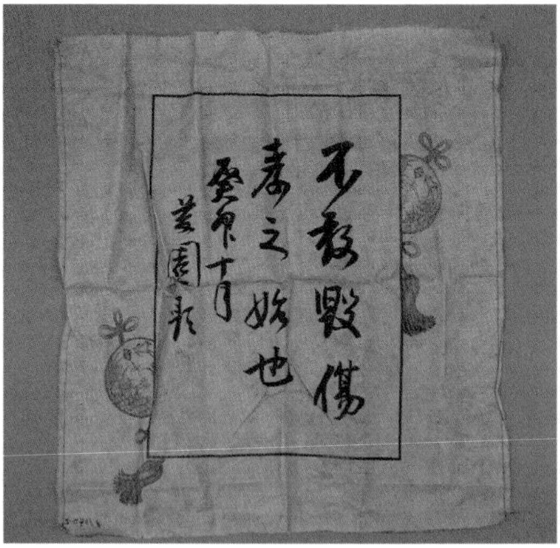

圖22 「不敢毀傷孝之始也」絲巾
兒玉源太郎總督贈送放足或保持天然足女性印有「不敢毀傷孝之始也」八字之絲巾。（國立臺灣博物館提供）

本官方與仕紳失去連繫、結合與推展這項運動的動力。

除了臺北，一九〇〇年四月，《臺南新報》記者連雅堂等臺南地區紳商名流也成立了天足會，臺中、彰化地區的仕紳也在該地成立天然足會；但都是成立後短短一年即呈現停滯狀態。

只有臺南的天足會因部分成員一九〇三年獲邀去大阪參觀博覽會，受到裹小腳女子被視為野蠻者的刺激[13]，而有較為積極的做法：臺南廳利用廳參事會議討論放足問題，與會參事建議應於《保甲規約》[14]或《農業組合規約》[15]中加入禁纏足條款；接著臺南廳召開農業組合諮詢會，鑑於南部地區需要勞力，於是議決加入禁止裹小腳的條款[16]，其他各地農業組合也陸續修改規約。不過不久之後，又不了了之地沉寂下來了。

到了一九〇五年，日本於日俄戰爭[17]勝利後，興起了「地方改良運動」，舊風俗的改造話題又開始被抬了出來，「放足剪辮」就被用來檢驗文明教化的成果。

於是有了調查數據，當時臺灣女性約一百四十多萬人，裹小腳的約有八十多萬人，扣除掉五歲以下未達裹腳年齡的幼兒人數，約有三分之二的女子裹腳；配合一九〇〇年以來的放足運動而放足者只有一%，約八千七百人。一九〇八年《臺灣日日新報》一篇社評寫道：「名目僅存，卒無成效。」

各種檢討論點隨之而來，包括「女子放足一事較男子斷髮困難」，「天足女子不易嫁人」。更有人指出放足運動的熱潮是「熱得快，冷得亦快，僅五分鐘熱度」等。

另外也與女子入學受教育的人數不多、退學率又高有關。即使總督府要公學校獎勵女學生放足或保持天足，一九〇二年的課本中甚至有「纏足」一課，但都無法發揮功能。

隨後因剪辮風潮[18]興起，帶動另一波反纏足行動。

一九一一年初，黃玉階、謝汝銓等人前往總督官邸謁見第五任臺灣總督佐久間左馬太，稟明「斷髮不改裝會」[19]的構想；佐久間總督除表達政府的支持態度，還提到了放足一事。《臺灣日日新報》五月上旬以特稿方式附和總督的看法，勸說本土仕紳把握此一大好時機，趁著斷髮風潮，進一步解放婦女的小腳。

最先回應的是臺北廳參事洪以南[20]的妻子陳宇卿，她聯合艋舺區區長黃應麟的妻子施招，成立了「臺北解纏會」，由陳宇卿擔任會長、施招擔任副會長。八月舉辦的成立大會中，參與會員達一千多人[21]，應邀觀禮者以日本官員的女性家屬為主。

與十年前天然足會訴求「天足」是以尚未裹小腳的下一代為對象；這一波運動重在實踐「解纏」，希望一舉解除裹小腳婦女的裹腳布；而且是由婦女自組團體推動放足運動，與過去天然足會主要由男子領導鼓吹解纏，算是一大進步。但就發起人的背景來看，大多為仕紳的妻子，是認為要以改良女性的身體來迎合日本統治者的策略，還是完全自願地推動放足運動，實在值得玩味。

一九一一年，總督府雖然沒有採取強制手段，但有些地區已開始以警察保甲[22]等公權力介入。例如：臺南廳鼓勵男性斷髮同時，順勢推動女性放足，並在《保甲規約》中規定：「除了腳趾彎曲無法恢復者外，未滿二十歲的裹小腳者均須解掉裹腳布，絕不可對女兒裹小腳，違規者將受保甲處分制裁。」

同屬臺南廳的鹽水港居民在警察監督，保正、甲長勸告下，一八九七年以後出生的女子（即十四歲以下）一百零五人，全部都要將裹腳布給解掉。

宜蘭的「解纏會」也自一九一二年初起，由主要幹部會同保正、醫生等，挨家逐戶調查各年齡的裹小腳女子，由醫生詳細檢查鑑定必須放足的人即登記為解纏會會員，和她們約定期限，贈送藥水並書寫名牌貼在門上，以方便管區警察監督解放小腳；不到一個月，區內女子就有近九百人放足。

總督府因而通令各地將禁纏足條款附加於《保甲規約》，不過在其他地區並沒有同時掀起熱潮。

教育當然是重要的推動力量，一九一三年編的《公學校用國民讀本》編有〈鴉片和纏足〉一課，指出兩者為臺灣社會最大陋習；有些學校則透過其他教學及展覽會來加強宣導，使學生自覺而自動放足，例如：臺北國語學校附屬女學校遲至一九一四年底，全校一百多名學生已沒人裹小腳了。

一九一四年起，斷髮與放足被總督府整合至「風俗改良運動」，並在臺北、臺中分別成立了「風俗改良會」[23]，包括臺中林獻堂等的夫人們[24]都出面發起組成「解纏足會」。

但是裹小腳舊習仍深植於臺灣社會，無法完全革除。《臺灣日日新報》於一九一四年底舉辦「論纏足之弊害及其救濟策」徵文比賽，投稿相當踴躍，包括擁有科舉功名、舊學、國語學校、醫學校學歷的人，甚至有女性投稿，歸納投稿文章的意見，大多主張以嚴密的組織系統，借公權力的強制手段來達到普遍放足的目的。

這些文章在隔年初連載刊登，一方面藉此達到宣導效果；另一方面，提供了總督府參考意見。

總督府對裹小腳的女性原本採勸誘方式，但態度漸趨強硬，民政長官正式通知各廳長

圖23 一九一五年解放纏足大會
這個解放纏足大會參與的清一色都是男人。(柯基生醫師藏品)

在《保甲規約》中加入嚴禁的法令[25]，由地方長官動員警察保甲系統，強制臺灣女性放足。

為何臺灣總督府一九一一年開始(特別是一九一五年)對放足運動的態度由消極被動轉向主動強制？

日本學者駒込武認為一九一一年由臺灣仕紳主動發起「男剪辮、女解纏」風潮，應該是受到中國辛亥革命成功的影響；宋光宇教授指出：臺灣人在上海看到中國人放足、剪辮，回來大力鼓吹；總督府當時如果再按兵不動，將激化臺灣人的不滿，因而採取了積極策略。吳文星教授則認為是兩地同樣受到現代潮流的激盪，而產生「遙相呼應」的運動。

一九一五年，日本統治臺灣已達二十年，同年十一月是日本大正天皇即位大禮，總督府刻意將臺灣男性剪辮子、女性放足的成果(圖23)做為呈報政績。

這時總督府將所有的放足運動收編成官方教化之功，凡是要放足就安排在重要節日，如「天長日」（天皇誕生日）、「始政紀念日」[26]等當天或前後舉行，地點則在官方場所或學校等教化場所。

以淡水公學校解纏會為例，聚集了上百位來賓，學生於上午十點在操場集合；眾官民致詞後，六年級女學生總代表以「國語」發表：「在大家的庇蔭下，自己已成為完滿的身體，從而可以登上高山。殘缺的身體無力於實踐教育系統所安排的體操、登山、遊戲項目，但經過解纏儀式，讓自己可以更進一步地和國家所形塑的國民身體更加接近。」日本官方透過這些活動向臺灣民眾展示：裹小腳是「弊風陋俗」，放足才是官方所「認證、許可」的，等同是宣示效忠統治者。

以醫學角度來看，包裹的小腳不可能恢復原狀。正如高彥頤教授所提的「乾麻花」故事：「有位小腳婦女鼓起勇氣拿了一塊油炸過的乾麻花餅給政府派來的查腳員看，她說：只要查腳員能將這塊麻花解開，回復原來柔軟的麵團形狀，她就願意捨棄裹腳布，將腳放開來。」一旦雙足骨骼扭曲變形，新的肌肉慣性形成，便不可能回復原狀，和男人剪辮完全不一樣；而且「解放腳」不但走路比纏足更艱難，腳部變形的情況也往往更嚴重。

對裹小腳者而言，放足是極大的肉體痛苦，有位放足者說：「放足的痛苦更甚於維持裹小腳，必須慢慢放，否則會痛得無法走路。」因而放足之後能否正常生活都成問題。除了肉體的痛苦，裹小腳者在當時成為最不受尊重的一群人，不但直接成為《保甲規約》的懲罰對象，更必須忍受來自地方政府的歧視待遇，或解纏足政策執行者的羞辱。

根據《臺灣日日新報》報導：一九一六年八月，臺南有個警官到一戶人家調查戶口，看見一位少女在房內，便突然進入，勒令脫下襪子接受檢查，她羞愧不從，警官出言威嚇，少女不得已將襪子脫下；警官指責她的腳盤上有裹腳布纏繞的痕跡，要把她帶到派出所，直到少女家人極力懇求才作罷。

報紙也曾報導：一九一八年三月三十一日，臺南安平一位已纏足的四十幾歲婦女因無法配合解纏足的要求，不僅被叫到派出所斥責，臉上被塗彩，而且被送到安平市場讓群眾圍觀，使這位婦女痛不欲生，數度尋短。

放足運動推行以來，裹小腳女性總是被譴責和敵視，並以懲罰與羞辱方式來強制放足；其實最穩紮穩打的根除方法是先說服民眾不再為小女孩裹腳，而已裹小腳者只能等候數十年後自然凋零為止。

就數據來看，一九一五年十月進行的戶口調查（圖24），有高達四十七萬六千多名臺灣婦女卸下了裹腳布。放足比例達六三%，其中超過八〇%是二十歲以下的女童和少女。當年全臺灣五歲以上的女性人口中，四四%是天然足，三五%是解放足，只剩二一%裹小腳。

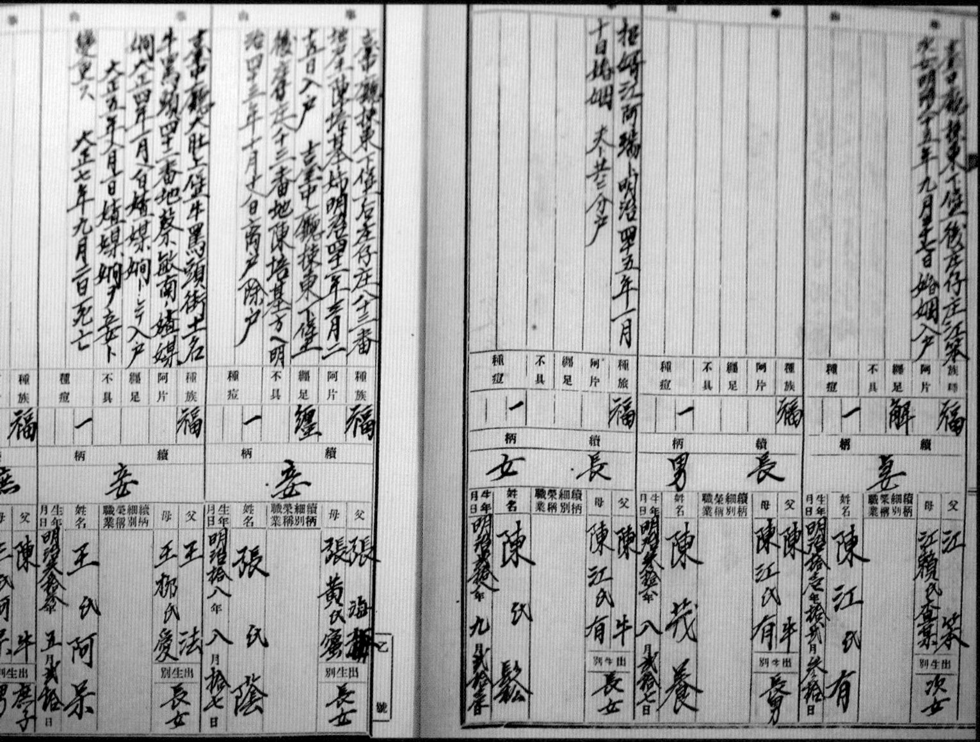

圖24 日治時期臺灣的戶籍資料

戶籍資料特別將籍貫、鴉片吸食習慣、纏足與否的身體狀況都詳細登錄記載，其中可看出：這是來自「福建」的家族，全家沒人吸食鴉片，至於纏足的情況，戶長之妻已解纏足，長女沒有纏足、妾之一有纏足，妾之二因是婢女出身，故未纏足。（柯基生醫師藏品）

維持裹小腳的人口絕大多數是四十歲以上的閩南族婦女，人數近二十八萬人。

一九二〇年，裹小腳人數降為近二十萬人；一九三〇年，再降為十四萬人，而這些仍裹小腳的人都是完全無法恢復者，臺灣的裹小腳問題發展到這裡，只能讓時間來解決了。

女性的雙足在歷史上曾成為「驚天動地」的重要角色，為了舊社會迷戀的「三寸金蓮」，一代又一代的女性被犧牲了。

這段終結臺灣婦女裹小腳的歷史，從表面上看來，是當時日本以「文明教化」自居，並逐步以公權力介入而達成的。其實最大的助力是照相機與X光機揭露了裹小腳的真面目，「百聞不如一見」成了最好的文宣，因而破除了大眾對纏足美感的迷思。

身為女性，重說這段歷史，格外有感觸，不禁要對歷史上所有曾經為女性放足運動做過努力的人，致上萬分的謝意！

附註

1.學者高彥頤教授認為在中國已知最早談到纏足的學者是宋朝張邦基，應該是纏足剛開始流行的時候：元代（十三世紀中葉至十四世紀中葉）是因戲曲表演的高度發展，歌伎在舞臺上纏足的裝扮，成為婦女裝扮的模仿對象：至十七世紀初的明代晚期，在江南等地區經濟發達，纏足成為都會的流行時尚：清朝康熙皇帝因視纏足為漢族認同標記，而於一六六四年頒詔禁止纏足令，反而使纏足成為漢族婦女捍衛自我文化的實踐方式。再者，十八世紀清朝廷推廣了棉紡織業，裹小腳必備的棉布容易取得，更使得纏足得以擴散到一般家庭：但柯基生醫師則認為中國古代的衣冠文明中，包含穿鞋的文化，穿「合腳」的鞋就是一種「纏足」，所以纏足的習俗應該相當早出現，然後逐漸演變而來。

2.歷史上並非全中國婦女都纏足，流行地區主要是中國北方的山西、山東，南方的江蘇、福建、廣東，以及西南的四川、雲南，其中城市多於鄉村：若以種族觀之，基本上以漢人為主，蒙古、滿、藏、苗、黎族婦女多不纏足：以社會階層而言，富裕及官宦人家的纏足婦女較多。

3.來自廣東的客家籍婦女和男人一樣在田裡幹活，或做一切戶外的工作，未曾有裹小腳的風氣。

4.車若水的筆記中記載：「婦人纏腳，不知起於何時，小兒未四、五歲，無罪無辜，而使之受無限之苦，纏得小來，不知何用？」

5.立德夫人即英商之妻 Alicia Little，她在一八九五年號召十數名居住在中國的西方名媛貴婦組成「天足會」，此後在中國風塵僕僕地宣揚天足理念，直到一九〇六年陪重病的丈夫返回英國，才結束天足會的工作。

6.當時擁護裹小腳的還是大有人在，例如：清末民初著名的翻譯家辜鴻銘有一個怪癖，要聞女人的臭腳氣味，才能寫出文章來。他對小腳的嗜好聞名士林，他曾說：「小腳女子特別神祕美妙，講究瘦、小、尖、彎、香、軟、正七字訣，婦人肉香，腳其一也。前代纏足，實非虐政。」

7.日本學自中國的習俗甚多，但男性閹割與女性裹小腳都沒學到，筆者原本認為是日本有真知灼見，而二〇〇七年七月二日高彥頤教授於臺北公館金石堂書店舉辦《纏足：「金蓮崇拜」盛極而衰的演變》新書發表會，筆者有機會向與會的日本學者請教，得到的答案竟是「技術太艱難」；再者，高教授指出纏足文化與椅子的使用有關，日本古來多席地而坐，很少有露出雙腳的機會，而裹小腳時需要坐在椅子上，因此與日本古代甚少使用椅子應該也有關係。

8.請參見本書〈戒鴉片〉單元。

9.揚文會取名自唐玄宗詩句：「振武威荒服，揚文肅遠威。」總督府希望藉由文學活動表現禮賢下士的治臺態度。此時殖民政府正一面以北臺灣為基地進行懷柔統治，另一面則以軍事力量「討伐」南部的抗日游擊隊。歷任臺灣總督當中，兒玉源太郎最重視文化政策，在民政長官後藤新平倡導下籌辦了饗老典、揚文會，積極提倡詩社的組成以及吟詩活動，嘗試從文化層次來拉攏臺灣仕紳階層。殖民當局頒贈紳章承認既有的社會文化勢力、組織揚文會，還積極將這群民間領袖納入地方治理和社會安全網絡之中。日治初期的社會公益領域如醫療、防疫、保安、急難救助等活動事項，都可見到官紳合作的情況，而這些本地紳商的名字又往往在不同領域中出現，互有重疊，集體構成日治時期臺灣社會的領導階層。

10. 一八九五年六月，首任臺灣總督樺山資紀正式在臺北設立官署，行使政治權威的就職典禮上，有八十三位本地仕紳在應邀觀禮之列。

11. 一九〇〇年十二月底計有會員一千六百九十人，婦女會員中放足者有一百四十七人，保持天然足者有二百六十七人；到了一九〇三年七月，會員數為二千二百七十人，婦女會員中放足者有一百九十九人，保持天然足者有四百三十二人。

12. 日治初期設三縣（臺北、臺灣、臺南，即清朝的三府）一廳（澎湖），縣、廳之下設十二支廳。一八九七年改為六縣（臺北、新竹、臺灣、嘉義、臺南、鳳山）三廳（澎湖、宜蘭、臺東），縣、廳下設八十六個辦務署，署下設街、庄、社，其中縣、廳及辦務署下設有參事，縣、廳參事係由總督遴選當地有學識名望之臺灣人擔任，辦務署參事則由縣知事（廳長）任命署內有學識名望的臺灣人擔任；另街、庄、社亦設有街長、庄長、社長，亦由臺灣社會領導階層充任。一九〇一年底廢縣及辦務署，全臺設置二十廳（臺北、基隆、宜蘭、深坑、桃園、新竹、苗栗、臺中、彰化、南投、斗六、嘉義、鹽水港、臺南、蕃薯寮、鳳山、阿猴、恆春、臺東、澎湖），廳底下設支廳，街、庄、社仍因襲舊制，廳仍設有廳參事，亦由臺籍有學識名望人士擔任。一九〇九年十月全臺減併為十二廳（臺北、宜蘭、桃園、新竹、臺中、南投、嘉義、臺南、阿猴、臺東、花蓮港、澎湖），仍置廳參事，廳下仍設支廳，並合數個街、庄、社為一區，廢街長、庄長、社長，設區長及書記若干人。此制度一直維持到一九二〇年，其中參事只是名譽職，主要做為地方首長的顧問；而街長、庄長、社長或區長由臺灣人擔任，無正式官員身分，也無固定薪俸，僅支領事務費，充其量只是協助處理行政事務，因此街、庄、社、區不能算是正式的地方行政制度。

13. 博覽會中原先打算將中國纏足婦女安置於展示野蠻民族的「人類館」，被中國留日學生抗議。日本後來從臺灣召募一名二十歲的小腳女性與兩名生番在人類館展示，還聘用了數名少女在「臺灣館」的喫茶店擔任侍應生。

14. 除警察之外，臺灣總督府還利用清代即已存在的保甲制度作為警察的輔助制度。一八九八年，兒玉源太郎公布《保甲條例》，規定每十戶為一甲，十甲為一保，甲設甲長，保立保正，由各戶戶長推舉，任期兩年，屬無給職，全面實行連保連坐責任。另外，各地方政府亦視地方情況制定《保甲規約》，徹底控制臺灣人的日常生活。

15. 臺灣總督府在純粹農村地區組成農事實行組合或農事實行小團體，以統一監督農村各種小團體。狹義的「農事實行組合」指的是法人化的組合，但廣義的「農事實行小團體」則不以法人為限，包括任意組合的農事小團體。

16. 規定會員女兒六歲以上者不得纏足、兒子十歲以下者日後不許娶纏足女子，會員女兒纏足者處罰金五至一百圓、會員賣天足女人予人為婢者罰金五至一百圓。

17. 日俄戰爭（一九〇四年～一九〇五年）是日本和俄羅斯為爭奪在朝鮮半島和中國東北地區權益的戰爭。

18. 請參見本書〈剪辮子〉單元。

19. 請參見本書〈剪辮子〉單元。

20. 請參見本書〈剪辮子〉單元。

21. 參與會員中，原未解而實行解纏者計四百三十一人，其餘為天足及已解纏者；若再細分，實行解纏者之中，艋舺區內者有三百零六人，占絕大多數。

22. 保甲是清朝的制度，日本統治之後，發現該制度甚為理想，特別是用來控制地方的騷動。一八九八年發布了《保甲法》和《保甲規約》，作為社會監控的手段。一九〇九年，臺灣總督佐久間左馬太進一步將保甲制度結合一般地方行政，使保正、甲長的職責和權力從社區巡防和政令宣導擴展到行政事務，如稅捐稽徵、戶口調查、農業改良措施、土地調查、道路橋梁維護、清潔防疫事務等。到了一九一〇年代初，保甲制度已是臺灣社會最有效率的動員方式。保甲制度在日治時代發揮的功能遠比傳統中國來得更可觀，主要是日本殖民政府將保甲架構在警察體系之下；此外，《保甲規約》與連坐法的實施對象排除了日本人，使得保甲制度不僅有助於警察的運作，更是統治者控制被殖民者的利器。

23. 請參見本書〈剪辮子〉單元。

24. 林獻堂成立「臺灣同化會」後，林獻堂等的夫人們出面發起組成「解纏足會」，率先放足；在臺灣同化會被日本解散前兩天召開放足大會，會員及放足人數已多達一千多人，放足是本著對「現代文明」的體認而做的。

25. 按《保甲規約》規定：「婦女纏足有害身心，故嚴禁之。但從前纏足者，務使漸次解放馴於天然足。」罰則是「由保正、甲長審查行為的輕重，科以一百圓以下的罰金」。

26. 一八九五年，首任總督樺山資紀於六月十七日在布政使司衙門宣布在臺灣「始政」，並將此日定為「始政紀念日」。

大事記

1871 ■英國籍攝影師約翰・湯姆生拍到第一張裸足小腳的影像

1875 ■英國基督教傳教士麥高溫夫婦於廈門成立戒纏足會

1887 ■二月十四日，位於臺南府城長老教會女學開學，入學條件是不得裹小腳

1895 ■英國商人立德夫人與在上海的外籍女士創辦「天足會」
受到甲午戰敗、臺灣割讓給日本的刺激，裹小腳成了國恥象徵，開始一連串提倡不裹小腳的運動

1896 ■臺灣第一任總督樺山資紀邀請大稻埕富商李春生等一行人到日本參觀

1897 ■臺灣總督府頒布《臺灣鴉片令》，同時確立了留辮子、裹小腳的漸禁政策；X光機被引進中國

1898 ■康有為上勸禁止裹小腳的奏摺
總督府公布《保甲條例》

1900 ■總督府於淡水舉辦揚文會；三月二十日，臺北大稻埕漢醫師黃玉階、富商李春生等四十人共同成立「天然足會」；四月臺南地區成立天足會，臺中、彰化也成立天然足會

1902 ■慈禧太后頒布《勸戒纏足令》

1903 ■總督府鼓勵臺灣仕紳五百多人前往大阪參觀博覽會

1905 ■日俄戰爭勝利後，日本興起了「地方改良運動」，「放足斷髮」議題又被提出

1911 ■二月初，黃玉階、謝汝銓等人謁見第五任臺灣總督佐久間左馬太，稟明「斷髮不改裝會」構想，佐久間總督還提到解放小腳一事
臺北廳參事洪以南的妻子陳宇卿和艋舺區區長黃應麟的妻子施招成立了「臺北解纏會」
臺南和宜蘭兩地已開始以公權力介入放足運動

1913 ■《公學校用國民讀本》編有〈鴉片和纏足〉一課

1914 ■總督府將斷髮與解纏足整合至風俗改良運動，三月臺北廳成立了「風俗改良會」，不久臺中風俗改良會也成立
林獻堂與蔡培火等人成立「臺灣同化會」。林獻堂等的夫人們都出面發起組成「解纏足會」，率先放小腳，會員數及放足人數多達一千多人
《臺灣日日新報》舉辦「論纏足之弊害及其救濟策」徵文比賽，隔年一月至四月連載刊登入選文章

1915 ■日本統治臺灣二十年，大正天皇即位，總督府刻意將剪辮子、放小腳的成果做為政績呈報
十月進行戶口調查，高達四十七萬多名臺灣婦女卸下了裹腳布，仍然裹小腳的絕大多數是四十歲以上的閩南族婦女，近二十八萬人

1920 ■臺灣裹小腳人數低至二十萬人以下

1930 ■臺灣裹小腳人數降為十四萬多人

9 剪辮子

你以為：日本統治臺灣之後，強制男性剪掉辮子

事實是：日治初期不敢強迫剪辮子，辛亥革命成功後才順勢推動

日本統治臺灣之後，雖然將男人紮辮子和女人裹小腳視為「陋習」，但為避免引起不必要的抗爭，並未強制變革。

剪辮子又稱「斷髮」，比起同樣被日本視為陋習的吸鴉片和裹小腳，革除辮髮習慣看似最容易，其實不然。先看看日治時期臺灣作家張深切在《里程碑》中描述十歲時（一九一三年）那段剪辮子剃髮的過程：

要剃髮當兒，我們一家人都哭了。跪在祖先牌位前痛哭流涕，懺悔子孫不肖，未能盡節，今且剃頭受日本教育，權做日本國民，但願將來逐出了日本鬼子，再留髮以報祖宗之靈。

跪拜後，仍跪著候剪，母親不忍下手，還是父親比較勇敢，橫著心腸，咬牙切齒，抓起我的辮子，使勁地付之并州[1]一剪，我感覺腦袋一輕，知道髮已離頭，哇地一聲哭了，如喪考妣地哭得很慘。

父親好像殺了人，茫然自失，揮淚走出外面。母親代為料理「後事」，叫一位年高德劭的阿婆，用剃刀剃掉剩下的半截兒，母親還吩咐她得給我們留囟鬃一撮，作象徵性的紀念。

剃完後，我用雙手遮頭，走進一個空房，再放聲大哭。回想以前穿長衫、疊馬褂，著「紅明鞋」，戴「碗帽子」跟著母親跪拜，有個辮子，像隻馬，多麼文雅，如今馬褂、馬尾都沒有了，像隻水牛，再穿著長衫、馬褂、紅明鞋，多麼難看！愈想愈傷心。

可見剪辮子對臺灣男性而言，已涉及心理層面自我認同和國族認同，困難度可想而知。清朝入關後強制漢人留辮子，至日治時期已長達二百多年（圖1），辮子成了漢民族的「祖宗家法」，以及根深柢固「身體髮膚受之父母，不敢毀傷，孝之始也」的傳統觀念。還有一個原因是當時外遇被捉姦，親夫會割下姦夫的髮辮作為證據，因而剪斷辮子會讓人與外遇產生連結。

日本自認肩負著「文明教化」的任務來治理臺灣，統治初期，鑑於風俗習慣改變不易，以及武裝抗日行動正風起雲湧，使得日本對改造臺灣這塊新領地的舊習俗非常謹慎。

日本剛開始治理臺灣時，僅極少數人士剪辮子，這些人不一定是同化於日本，而是因

圖1　杜聰明的辮子
杜聰明進醫校前的照片，那時才十七歲，還留著辮子。（莊永明先生提供）

圖2　大稻埕茶商李春生
一八九六年到日本訪問時，被日本民眾譏笑是「豬尾奴」，一行八人就在日本剪掉辮子。（莊永明先生提供）

去過日本或其他國家，接觸過現代西方文化，有了追求潮流、順應時勢的想法。例如：日本統治臺灣第二年春天，應樺山資紀的邀請，大稻埕茶商李春生（圖2）到日本訪問時剪掉辮子；又過了三年，臺北茶商公會會長吳文秀將遠赴巴黎博覽會推銷臺灣茶葉，也決定剪辮改裝。

一九〇〇年二月二十一日《臺灣日日新報》刊出〈辮髮與纏足〉一文，隔月，黃玉階等人成立「天然足會」，開始了臺灣女性的放足運動[2]，卻沒有同時出現男性的剪辮運動。

黃玉階當時曾私下召集各界討論剪辮問題，但因剪辮就要改漢裝換西服，西服的製作費用很高[3]，一般人無力負擔，若不改裝又怕被人批評，因此作罷。

臺灣居民在確定歸日本籍之前[4]，總督府官員認為臺灣民眾仍留辮子、著漢服，有損日本的體面，建議立法強制剪辮改服，但總督乃木希典不但不敢這樣做，更注意防止地方官強迫臺灣民眾剪辮子。

一九〇一年，臺南噍吧哖支廳（今臺南玉井）發生抗日事件，日本軍警動用當地住民成立壯丁團，協助討伐及搜索。為區別住民和反抗者，就唆使街長、保正等人到各村勸導男人斷髮，前後斷髮者約有五千人；該地支廳長認為這是日本統治以來規模最大的集體斷髮行動，趕緊寫報告去邀功，沒想到總督府接到消息時，不但沒有給予嘉獎，反而通告各地不可強迫剪辮，應該聽任民眾自行決定。

此時會剪辮子的臺灣人是「巡查補」（日治時期的基層警察）[5]，巡查補於一八九九年七月初設立時，與之前的「警吏」、「巡吏」一樣，非屬正式官制，總督府不能對他們有太多要求。等到一九〇一年五月，巡查補列入正式官制後，在斷髮問題上就有了較多期許，希望能藉著改變巡查補的髮式（要求斷髮）來導正此「陋習」。

但在仍屬非強制斷髮的情況下，總督府採取較為彈性的做法：為了獎勵已斷髮的巡查補，就讓他們戴著與日本巡查幾乎一樣的制帽（唯一差別是巡查帽有兩條白邊，巡查補則是一條白邊）（圖3）；未斷髮的就戴一種稱為「土耳古形」的洋式帽，此種帽子樣式是帽底

圖3　一九〇一年警察制服夏裝
（南天書局提供）

圖4　巡吏及巡查補制服
（南天書局提供）

深而長，以便戴上時能蓋住頭髮（圖4）。

總督府這種刻意區別的策略，預料將使巡查補的斷髮意願增加，八月底，約五百名巡查補中有七十名斷髮；到了十月底，則有三百多位巡查補剪掉辮子[6]；雖然期間制服有稍作更動（圖5、6），不過真正有成果則是到了一九一一年，臺灣社會斷髮風氣日盛之時，巡查補才在「為民表率」的壓力下，有集體、大量的斷髮情況。

至於是否因此影響了當時社會斷髮的風氣，就當時巡查補的形象來看，除了因認真執法而被譏為「走狗」之外，另一個形象則是巡查補藉著官職身分而作威作福，甚至如日治時期臺灣作家吳濁流所形容是「無學無識」之徒。若一村中有擔任巡查補者，甚至被認為是族人的恥辱，所以期望老百姓因效法而剪辮子的效果就不大了。

宣導和鼓勵較積極的是學校方面，因而在日本統治臺灣第七年，國語學校（今國立臺北教育大學前身）有十餘名學生剪辮；三年後，嘉義公學校有多位教師也效法。由於日本統治者對公學校教師很禮遇，教師當然比較能接受日本所引進的規範和文化。

「放足剪辮」的舊風俗改造話題在一九〇五年日俄戰爭勝利後，日本興起的「地方改良運動」中又開始被抬了出來。

女性放足的「天然足會」成立七年之後，男性剪辮運動卻毫無動靜，六月二十九日漢文《臺灣日日新報》出現一段評論，質問道：「倡設斷髮會者，寂然無聞，其以為時機尚早歟？抑欲辮髮終古歟？」文章的口氣有刺激臺灣民眾反思的意圖。

隔月初，日文、漢文《臺灣日日新報》中陸續刊登了臺北廳參事洪以南[7]到東京參觀博覽會後，以「所到皆文明發達特甚，驚異之餘，遂有所悟」，因而在神戶改裝斷髮。這則新聞刊出後，並未引起任何回響。

圖5　一九〇八年警察制服夏裝
（南天書局提供）

圖6　一九〇八年警察制服冬裝
（南天書局提供）

但在這一段時間裡，清朝廷有了極大的改變——

清末大量留日學生一方面目睹日本的進步，一方面因辮子受日本人嘲笑，普遍剪斷髮辮；國內接受新式教育的學生也有人斷髮，因而有官員上奏希望盡速實施斷髮，但遭到慈禧太后否決。

一九〇九年十月二十三日漢文《臺灣日日新報》刊登：清朝廷決定等慈禧太后葬禮結束後，先在三品官等以上的軍人、巡警及教育者實施斷髮；十一月二十一日刊登了中國軍隊及警察改穿洋服，並即將發布斷髮的命令。

此外，《臺灣日日新報》也不斷報導韓國的斷髮訊息——

韓國的斷髮是由上而下的，雖然李朝[8]早在一八九五年就已成為日本的傀儡政權，但在一九一〇年被日本正式統治前，李朝的高宗仍企圖聯俄抗日，斷髮的提倡則是期望藉服裝外貌的改變展現出西化的追求，以圖國家的強盛。

一九〇二年下令軍警人員實施斷髮，兩年後，命令外交官等斷髮；次年十月，宮廷更率先厲行斷髮。一九〇七年，韓國國王決定斷髮，且下詔通令全國，獎勵全民一起斷髮，但因改變速度太快，甚至引起民眾的反抗。

一九〇九年十一月二十六日的漢文《臺灣日日新報》刊登一篇〈倡斷髮會〉文章提到：臺灣已被日本統治了十五年，「沐浴文明」（日本以文明者自居）較中國為早，今在此文明要點（指斷髮）反獨落後，豈不可恥？並提到桃園人王式璋提倡剪辮子的事情，希望能開啟臺灣的斷髮風氣。

關於王式璋提倡剪辮子之事，日本官廳知道後，曾在一次會議中向與會各區區長舉薦推行，這些區長們卻毫無興致；區長是由日本總督府及各官廳聘任地方上素有名望的人擔任，連他們都抱持此態度，不難得知臺灣社會普遍的情況。

至於學校方面，相對於民間的冷淡，一九一〇年八月，國語學校以「本島善良的風俗習慣」為題調查學生意見，七十五名受調查的學生中有十一名提到剪辮和不裹小腳是善良風俗。可見教育的結果，學生已逐漸以新觀念來衡量臺灣社會的風俗習慣。當年底，國語學校的臺灣男學生總數約四百人，約有一百人剪掉髮辮；而臺北醫學校（今臺大醫學院）（圖7）的二百名學生中，約有半數剪辮了。

圖7　臺北醫學校（臺大醫學院前身）
一九一〇年底，該校二百名學生中已有半數剪辮了。

一九一〇年是關鍵時間——

十二月十一日、十九日的漢文《臺灣日日新報》分別刊登：清朝將於明年一月實行斷髮；以及十五日將斷髮易服案提到資政院[9]，乃「立決行之」，即是通過了斷髮案。雖然此時還有反對的聲音，但隨著隔年辛亥革命爆發，清帝國崩解，全國各地興起了剪辮子風潮，辮髮逐漸走入歷史。

清末「四大寇」[10]的同道中人關景良也於該年創立「剪髮不易服會」，鼓勵在香港華人以現代髮式配襯中國服裝，以展示中國人的新形象。當時香港除駐軍人口外，共有三十四萬四千一百八十人；其中剪髮者，已超過一萬二千人。

臺灣民間的斷髮運動也開始熱絡了起來，這個時間點應該與辛亥革命有關。中國人既已剪掉辮子，不但使得辮子文化與政治根源消失，甚至連臺灣商人為了和清朝人做生意而留辮子的理由也瓦解了。

一九一一年一月八日《臺灣日日新報》出現了標題為〈斷髮會〉的詩：「斷髮倡為會，贊成大有人。文明原自致，禁令不教申。衣服聊循舊，精神各煥新。同胞三百萬，奮起在初春。」新聞內容是大稻埕區區長黃玉階與記者謝汝銓共同發起成立「斷髮不改裝會」，已前往總督官邸謁見第五任臺灣總督佐久間左馬太（圖8），稟明構想並獲得嘉許與支持。

斷髮不僅要考量心理因素，黃玉階又考慮到民眾不願意斷髮實因改裝的經濟負擔，於

圖8 第五任臺灣總督佐久間左馬太
（國立臺灣博物館提供）

是取名為「斷髮不改裝會」，強調會員可以繼續穿著原來的漢人服裝，不用改換西服。

斷髮不改裝會的共同發起人謝汝銓是《臺灣日日新報》漢文版記者，這個日治時期影響力最大的媒體提供了相當多篇幅來報導斷髮活動的相關訊息，並詳列各地斷髮者或欲斷髮者的姓名，有時會刊登他們斷髮後的「文明髮式」留影。

由於斷髮報導經常出現在新聞版面上，使得原來是需要莫大勇氣的舉動，逐漸成為稀鬆平常的事務和觀念。很快地，臺灣本地菁英（尤其是與殖民當局保持良好關係者）大多已剪去辮子，並成為鄉里之間以身作則的榜樣。

臺灣仕紳自主的斷髮行動，當然吻合總督府的期望，但又擔心臺灣人藉著這個動作遙遙與中國的革命風潮相呼應。

黃玉階特別將「斷髮不改裝會」成立暨斷髮大會的日期安排在日本開國紀念日（二月十一日「紀元節」），或許就是為了避免總督府對民間集會的疑慮，具有政治表態的意味。內務局長龜山理平太在大會致詞時，刻意表明日本天皇寬大為懷的心意，只要願意同化於日本風俗，不論動機如何都值得嘉許。

黃玉階致詞也強調是基於同化於日本的目的，並說是受到韓國「兄弟」的刺激[11]，要在競爭同化的道路迎頭趕上。

早上八點開始，會員陸續抵達設於大稻埕公學校的會場，剪髮場所在教室角落，會員到場後，先由理髮師剪除辮子再入場；下午典禮則有長官祝詞、日人來賓演說、贊成斷髮的本地人代表演說、朗讀各地祝賀電報，然後由會長黃玉階致答詞；典禮結束後，主人和賓客一起參加酒宴，至晚間十點才結束。

當天有九十五人斷髮，另有三十三人參與卻未斷髮，可見即使是盛大而隆重的斷髮儀式，仍有阻力存在。

斷髮不改裝會一成立，對臺灣仕紳階層立即產生影響，臺中的「櫟社」（圖9）成員連雅堂與蔡惠如就把握這個機會施行斷髮；林獻堂（圖10、11、12、13）與張棟樑兩人則發起召集臺中的「剪辮會」。

圖9 櫟社二十年題名碑

櫟社由林癡仙、林幼春等人成立於一九〇二年，是日治時期臺灣最具代表性的詩社，宗旨在延續及發揚漢文化，並以明顯的反日色彩，與當時北部的瀛社、南部的南社有所區別。「櫟」即無用之木，用以自諷所學漢學因不再有科舉，已成無用學問；另一方面也援引道家無用之用，雖以消遣用的詩歌方式存在，但在保存漢文化方面貢獻良多。一九二一年，在積極從事民族運動的林獻堂等加入後，帶入濃濃的政治色彩，同時也是該社最風光、最昌盛的時候，因立此碑以紀念成立二十年。（位於霧峰林家花園，即明台高中校園內）

圖10 林獻堂

出身霧峰林家，是臺灣日治時期非暴力反日人士中右派代表人物，在新民會、臺灣文化協會、臺灣民眾黨、臺灣地方自治聯盟等組織扮演要角，被稱為「臺灣議會之父」。

圖11 霧峰林家祖宅原貌（攝於霧峰林家花園）

圖12 霧峰林家祖宅一角

圖13 林獻堂之墓（位於霧峰林家花園）

林獻堂的剪辮會上有個貴客是維新人士梁啟超，他受林獻堂之邀來臺訪問（圖14、15）。林獻堂本人在四月一日斷髮，四月三日在臺中公學校舉行「臺中剪辮會」的成立暨剪辮大會。

雖然仍不免俗地選個重要紀念日（日本首位天皇「神武天皇」祭日），林獻堂在致詞時強調：如果認為他僅是受中國斷

圖14　梁啟超訪林家下榻之處（霧峰林家花園萊園五桂樓）

一九〇七年，林獻堂到日本旅遊時巧遇梁啟超，兩人針對中國、臺灣等問題深談之後，梁啟超建議臺灣人仿效愛爾蘭人對抗英國政府的方式，廣結日本中央政要，用以牽制臺灣總督府。一九一一年三月二十四日，梁啟超受林獻堂之邀由日本啟程來臺，二十八日抵達基隆，先遊歷臺北，四月二日前往臺中和櫟社成員會面即下榻該樓。梁啟超來臺期間，正是臺灣社會推動斷髮運動之際。多位成員已將辮子剪除，之後又參與解纏足、禁鴉片、提倡教育、風俗改良、破除迷信等運動。梁啟超的訪臺行程給當時的臺灣文人帶來了許多衝擊與影響，開啟了日後民族、社會、政治運動的發展。

圖15 五桂樓另一面連接著戲臺

該樓原是林獻堂之父林文欽建於一八九三年，原名「步蟾閣」；林獻堂於一九〇五年改建，更名為「五桂樓」。一九九九年九二一地震中倒塌，二〇一一年重建完成。（位於霧峰林家花園）

髮風潮而創立，就太不理解該會創設的旨趣，且不知臺灣之時勢。最後更說當前是個優勝劣敗的世界，萬事萬物都要求進步，斷髮僅是形式上的文明，希望能夠與大家更進一步地追求精神上的文明。

可見，臺中與臺北對斷髮的立場是截然不同的。但不久之後，臺北和臺中就急速降溫了，沒有後續的大型斷髮活動；臺南地區則透過當地警察與保正制度推動強制斷髮，五月之後，斷髮人數大增，甚至超越北部，但因無法有效追蹤與管理，於是民眾又陸續變回原來的辮髮；隨後斷髮運動又傳到了東部，擴及全島。

滿清被推翻後一年，臺灣社會斷髮的人數已經很多，主要是年輕人，特別是公學校學生，各地公學校會利用紀念日在學校為學生斷髮。據《臺灣日日新報》報導：宜蘭地區學校要求學生斷髮，有個五年級學生因其父親反對，只好退學。

黃玉階雖提出「斷髮不改裝」，卻無法落實，既然斷髮是要同化於日本，漢服當然也要被改革，中上階層有經濟能力負擔，斷髮後改變服裝使得西服店生意大好；且因斷髮都是先剃了大光頭，帽子店更是大賺一筆。

這時仍留辮子的人大多是有經濟的困難，有些人則是斷髮後被家人指責，甚至遭妻子反對或鄉民嘲諷，只好再度蓄留辮髮。

當時的斷髮議題與活動已成為仕紳的重要社交主題，也有些人很熱心參與斷髮活動，卻是抱著寧慢勿快的想法，以拖待變，常是拖到同儕或統治階層的勸誘，才半推半就地斷髮。

更有些人根本就是反對斷髮的，臺北、新竹有「保髮會」，反映的不僅是文化的守舊或維新，同時牽涉政治效忠層面，保髮的人說他們要「留此辮子以見滿皇先帝於地下」。

一九一三年，雖然學校與中上階層人士多已斷髮，但日本統治者希望中下階層或抗拒斷髮之人也全面斷髮，而深感過去透過仕紳與保正、甲長等勸誘百姓的方式無法達到目標，開始利用保甲組織等要求臺灣人斷髮。

隔年，總督府將斷髮與放足整合至所謂的風俗改良運動。臺中仕紳林獻堂所成立的「臺灣同化會」[12]雖被日方強制解散，但是他成立的「剪辮會」符合總督府「風俗改良」的趨勢。接著，日本總督府在臺北成立了「風俗改良會」；隨後，在臺中縣廳的期待之下，林獻堂、林烈堂等地方領袖組織成立了「臺中風俗改良會」。

以前由臺灣人成立的斷髮會缺少約束力，這時出現的「風俗改良會」是以日本官方為主導的組織，具有一定的約束力量，動員警察加入會內，負有推動活動的執行權力，是以公權力要求民眾斷髮，達成風俗改良之目的。

風俗改良會成立後，臺中廳警務課長荒卷鐵之助在《臺灣日日新報》發表了〈本島風俗改良談〉，列出臺灣人應改革的風俗主要有六大項，第一項就是辮髮、裹小腳[13]。這是日本人首次以警務課長名義在報紙公開評論臺灣的舊習俗，改變了過去官方聽任臺灣人自由發展的態度。

為何總督府不再擔心因改革舊習俗會引起民間反抗，而改為積極地對斷髮採取行動？主要是經過臺灣仕紳的主動宣導，及中國政權改變後，辮髮的文化認同消失，斷髮是「現代人」的概念已進入人心；而日本統治臺灣已將近二十年，不再有武力反抗者，總督府決定讓辮髮、裹小腳等妨礙同化的舊俗盡快消失。

總督府在各種會議或場合都不放過勸誘人民斷髮，官方強定以每個月為一期，無論老少若在三個月之後沒有自行斷髮，就會被強制斷髮，緊接著風俗改良會更強化斷髮活動的進行。日本統治即將屆滿二十年，做法愈來愈嚴苛，由區長會同保正、甲長等人，並與派出所警察逐家逐戶查訪，美其名是勸誘，事實上是逼迫斷髮；或舉行集體斷髮大會，或安排在紀念日前後斷髮，以掀起高潮。

這時，臺灣各地紛紛出現斷髮的盛況，一九一五年，慶祝日本統治臺灣「始政二十年」紀念日的六月十七日當天更達到最高峰，臺北廳[14]的各「風俗改良會」於早上十點集體舉行解纏足／斷髮儀式，意指透過集體而一致的放足、斷髮，象徵「新帝國身體」的誕生。

這一波運動的聲勢遠遠超出四年前斷髮不改裝會與總督府合作模式所呈現的效應；許多地方斷髮會的召集人是地方保正或家族長老，進行的人數動輒數百名，範圍遍及街、堡、庄、里等鄉村社會。

總督府更將男子辮髮和女子裹小腳納入《保甲規約》，成為行政命令界定的違規事項。一九一六年之後，臺灣社會留辮子的男人已經愈來愈少，辮髮逐步走入歷史。

經過二百多年的留辮子風俗，剪斷辮髮對臺灣男人所造成的心理衝擊，大概只有親身經歷，才能體會那種複雜且多樣的心路歷程吧！

附註

1.并州在今山西及陝北一帶，該地所製的剪刀以快又利而著稱。

2.請參見本書〈放小腳〉單元。

3.當時要將全身行頭改成西式服裝約需一百五十元，而每一百公斤米的大盤價約是四元五十錢，教師的月薪約十七元。

4.根據《馬關條約》第五條內文：居住於臺灣的漢人若不願意被日本政府統治，可在訂約後兩年攜帶家產離開。一八九七年五月八日是條約中規定「臺灣島人抉擇去留之日」。

5.日治時期的警察稱為「巡查」。「巡查補」為比巡查次一級的職稱：日本統治後，為解決日本警察不諳臺灣習俗、言語不通所造成的困擾，乃招募臺灣人來協助警務。先是總督府遷入臺北城之後，一八九五年六月二十五日以臨時雇員身分招募臺灣人執行警察事務，稱為「警吏」；一八九八年六月九日，臺北縣鑑於臺灣人對警吏職稱不屑，將之改為「巡吏」。但警吏、巡吏都不脫過渡和試辦性質；一八九九年六月因預算限制無法增加巡查員額，遂決定採取「削減巡查一人，增置巡查補二人」的方式來解決警力不足的問題，七月以訓令第二〇四號發布，正式設立巡查補制度。

6.至一九〇一年底，巡查補有一千七百三十四名。

7.洪以南的家庭當時被稱有「內地風」（日本風），是「參事中文明開通最進步者，亦本島人中文明開通之最進步者」。洪以南除臺北廳參事的官方身分外，還在一九〇九年與謝汝銓等人組織詩社「瀛社」，並擔任首任社長。

8.一三九二年韓國李氏王朝建立時，由中國明太祖將其國號定為「朝鮮」，一八九六年，李朝高宗宣布朝鮮獨立，改國號為「大韓帝國」。一九一〇年被日本統治後，國號改回「朝鮮」。李朝持續了五一八年（一三九二年至一九一〇年），在東亞算是一個長期的王朝。日本想要將有長久歷史文化的朝鮮納為殖民地，必須先從籠絡朝鮮國王，把他塑造成為日本傀儡著手。

9.清末立憲運動時的議會準備機構，成立於一九一〇年九月，終止於一九一二年初，由中華民國臨時參議院替代。

10.即孫中山、陳少白、尤列、楊鶴齡四人常聚在一起談說革命，被稱為「四大寇」。

11.韓國被日本統治（一九一〇年到一九四五年）後，就朝全面實施斷髮的目標前進。

12.日本第一個政黨「自由黨」創立者板垣退助應林獻堂之邀，兩度訪問臺灣，宣揚平權理念，他相信殖民地不分日本人與本地人均應共享平等權利。一九一四年十二月二十日，他與林獻堂、蔡培火、蔡惠如等人在臺北創立「臺灣同化會」，目的在消除日本人對臺灣人的差別待遇。在林獻堂號召下，同化會人數達到三千多人，甚至在蔣渭水（當時就讀臺灣總督府醫學校）的號召下，醫學校學生也全員參加，並在日本、宜蘭、桃園、新竹、臺中、嘉義、臺南、高雄等地設有分會；但是同化會成立不到二個月，旋即遭臺灣總督府以「妨害治安」之名，於一九一五年一月二十六日強制解散。

13.除了辮髮、裹小腳之外，另五項應改革的風俗是鬻兒（賣孩子）、買賣婚姻、燒金紙、中元與正月的列饌、祭典的次數。

14.臺北廳為日本統治時期的行政區劃，初設於一九〇一年十一月「廢縣置廳」之際。當時將臺北縣廢除，並將所屬十個辦務署重新分割為基隆、臺北、深坑、桃園、新竹五個廳；其中臺北廳原轄有臺北、滬尾兩辦務署；一九〇九年，合併臺北廳、基隆廳（原轄基隆、水返腳、頂雙溪等辦務署）和深坑廳（原轄景尾辦務署）的一部分為臺北廳。

大事記

1900 ■二月二十一日《臺灣日日新報》刊出〈辮髮與纏足〉一文

1901 ■臺南噍吧哖支廳（今臺南玉井）發生抗日事件，導致前後斷髮約有五千人，應是日本統治以來規模最大的集體斷髮行動

五月，巡查補列入正式官制，總督府希望能藉著改變巡查補的髮式來導正留辮髮的陋習

1902 ■朝鮮命令軍警人員實施斷髮

1904 ■朝鮮命令外交官等斷髮

1905 ■十月，朝鮮宮廷率先厲行斷髮

日俄戰爭勝利後，日本興起「地方改良運動」，「放足剪辮」的舊風俗改造話題又開始被抬了出來

1907 ■朝鮮國王決定斷髮，且下詔通令全國，獎勵全民一起斷髮，但因改變速度太快，引起民眾的反抗

1908 ■慈禧太后過世後，清朝廷中央即決定在軍人、巡警及教育者三品官等以上先實施斷髮

1909 ■桃園人王式璋提倡剪辮子，但沒有引起太大的回響

1910 ■朝鮮被日本統治，朝全面實施斷髮的目標前進

清朝資政院通過斷髮案

關景良在香港創立「剪髮不易服會」

八月，臺灣的國語學校以「本島善良的風俗習慣」為題調查學生意見

1911 ■一月八日，《臺灣日日新報》出現題為〈斷髮會〉的詩，並刊登黃玉階與謝汝銓共同發起的「斷髮不改裝會」成立消息
四月三日，林獻堂與張棟樑召集發起「臺中剪辮會」

1912 ■臺灣社會斷髮的人數已經很多，主要是年輕人和公學校學生

1913 ■開始利用保甲組織等要求臺灣人斷髮

1914 ■總督府將斷髮與放足整合至風俗改良運動，臺北、臺中分別成立「風俗改良會」；臺灣同化會成立

1915 ■臺灣各地紛紛出現斷髮的盛況，慶祝日本統治臺灣「始政二十年」紀念日當天達到最高峰；臺灣同化會被強制解散

1916 ■臺灣留辮子的男人愈來愈少，辮髮逐步走入歷史

10 戒鴉片

你以為：日本人改掉臺灣人抽鴉片的習慣

事實是：先有鸞堂戒煙運動，後有杜聰明博士用醫學方法解決了臺灣人的鴉片上癮症

圖1　第一任臺灣總督樺山資紀（國立臺灣博物館提供）

日本開始統治臺灣之後，為一舉解決臺灣人抽鴉片的惡習，日本首相伊藤博文主張「嚴禁鴉片」，當時日本法律禁止吸食鴉片，首任臺灣總督樺山資紀（圖1）為了避免日本人染上吸食鴉片的習慣，特別規定：臺灣人出售鴉片或相關設備給日本人，將處以死刑。

圖2 民政局長水野遵（國立臺灣博物館提供）

圖3 第三任臺灣總督乃木希典（國立臺灣博物館提供）

對臺灣人吸食鴉片，日本人多數主張「嚴禁論」；另有少數人提出「放任論」，認為吸食鴉片與否是臺灣人的事，和日本人無關。不管主張為何，真正的關鍵在於何種鴉片策略對日本有好處。

日本統治臺灣第一年，因各地不斷發生抗日行動，還有瘧疾等傳染病，以及財政不足等問題，臺灣總督府根本沒有餘力嚴禁鴉片。年底，樺山資紀就派民政局長水野遵（圖2）回到東京說服議會[1]和臺灣事務局[2]，希望改採漸禁策略與鴉片專賣。

議會開議之前，日本內務省衛生局局長後藤新平就寫了〈關於臺灣島鴉片制度之意見〉給伊藤博文，具體指出鴉片專賣可獲得經濟利益。當時日本正面臨統治臺灣後嚴重的財政短缺[3]問題，日本政府希望臺灣財政獨立，而鴉片專賣能增加財政收入，因此水野遵的提議雖然遭到議會強烈的批評及反對，卻在經濟考量之下，成功說服伊藤博文決定採取漸禁策略[4]。

日本統治臺灣第二年初，樺山資紀頒布第一份針對於臺灣人吸食鴉片問題的告示[5]，除「禁止進口」，由總督府供應鴉片，總督府並委託後藤新平擔任衛生顧問，負責籌劃創設鴉片專賣制度——由日本政府控制鴉片來源，以鴉片專賣方式管制並逐步減少吸鴉片的人口，並防止出現新的吸食人口，最終達到完全禁絕鴉片的目的。

後藤新平設立了製藥（鴉片）所，負責研製及行銷鴉片，以進行鴉片專賣制度；同時推薦原主張嚴禁論的加藤尚志擔任製藥所所長，並兼任民政局製藥課職務，兩人成為漸禁政策的直接推手。

日本人對鴉片煙一無所知，製藥所技術人員先調查臺灣人的傳統製法，分析販賣煙膏的主要成分，雇用臺灣技工做出試製品後，讓吸食者品評。確定鴉片煙膏的製法之後，日本人統治臺灣第二年底即開始正式生產鴉片煙膏，並命名為福煙（一等）、祿煙（二等）、壽煙（三等）。

日本統治臺灣第三年，第三任總督乃木希典（圖3）於一月及三月陸續發布《臺灣鴉片令》[6]、《鴉片令施行規則》，以防止出現新的吸食人口，但對鴉片成癮者並沒有救濟或矯正的積極措施。

這個時期大抵確立的原則有：鴉片營業及特許範圍僅限臺灣人，嚴禁日本人吸食；由警察負責取締祕密販賣及吸食者；將鴉片的危害列入初等學校教材，以衛生及教育說明其毒害。

由於臺灣人吸食鴉片已是持續數百年的習慣，乃木希典怕一旦全面強制實施鴉片令，會引發大量的鴉片犯罪，使臺灣治安益趨惡化，導致鴉片專賣制無法施行，所以決定鴉片令於四月一日先從臺北施行，八個月後才擴及全臺。

這個時間點正值《馬關條約》規定「臺灣島人抉擇去留之日」（五月八日）。

當時，乃木希典為了安撫人心，派遣水野遵巡環全島，除了說明總督府的施政方針，並進一步傳達對鴉片煙的政策：「沒有吸食習慣的人一律嚴禁吸食，已吸鴉片成癮的人因突然禁絕會危及性命安全，准許繼續吸食。」當時臺灣有三百萬人口，最終決定返回中國的人只占千分之二・三[7]，可見這個做法頗有安定臺灣民心的效果。

到了第四年，臺灣對日本所形成的經濟負擔仍然相當大，乃木希典認為臺灣是塊燙手山芋，日本國會也一度出現「臺灣賣卻論」，即以一億日圓將臺灣賣給中國或法國。最後因日本的參謀本部參謀兒玉源太郎以臺灣是日本的南部屏障，強烈反對賣臺，甚至向伊藤博文立下軍令狀，立誓要治理好臺灣，伊藤博文當即表示不賣臺灣，並改任命兒玉源太郎為第四任臺灣總督、後藤新平則接任民政長官，這兩人以穩定臺灣治安、開拓統治所需財源為第一優先政策，完成鴉片專賣制度成為刻不容緩的工作。

日本統治臺灣第五年九月，總督府確定鴉片癮登錄（特許吸食鴉片者）（圖4、5）將近十七萬人，等於臺灣人口六・三％，而這一年鴉片收入占總督府總收入達到三二％。

圖4 鴉片吸食特許者特許狀（蔣朝根先生提供）

圖5 鴉片小賣所招牌（國立臺灣歷史博物館提供）

日本人透過漸禁方式靠鴉片賺取財政收入的同時，臺灣人吸食鴉片的觀念也開始有了轉變，加上總督府將煙癮毒害教育列入公學校課程[9]，臺灣人逐漸有了「鴉片毒害」的觀念。

臺灣民間因此掀起了鸞堂降筆會[10]戒煙運動（一八九八年到一九〇一年），由樹杞林（今新竹縣竹東鎮）人彭樹滋一八九七年在廣東陸豐縣透過鸞堂扶鸞祈禱戒煙成功，回臺後告知地方仕紳彭殿華。隔年底，彭殿華邀請廣東五位鸞生來臺教授扶鸞戒煙法，包括彭殿華在內，一年內有好幾十人戒煙成功，鸞堂戒煙法於是逐漸傳播開來。至一九〇一年底，成效甚為可觀[11]。

但戒煙運動的成功會損害鴉片專賣收入，於是總督府以愚昧荒誕、妨害治安及對煙民造成傷害為由加以取締，這場源自民間信仰的自力戒煙運動因而結束。宋光宇教授指出：鸞堂是以集體戒煙來進行，其效果勝過後來杜聰明博士的個別戒煙。意即若不是總督府為了財政收入等因素加以壓抑，臺灣的鴉片問題可能更早解決。

此外，臺灣總督府醫學校第四屆畢業的林清月醫師，調查臺北「赤（紅）十字病院」（圖12）近二百五十名煙癮患者，並自行出資對中低階層者的煙癮進行治療研究，研發出有效的鴉片代用藥品，治癒不少患者，可惜僅限於個人努力，影響極為有限。

一九一九年十月，第八任臺灣總督田健治郎為首任文官總督，他向來奉行「內地延長主義」，自詡為「臺、日融合」同化政策執行者，之後八任的文官總督都持續實行，成為

圖12 「赤（紅）十字病院」（今臺大醫院）

最早是由日本赤（紅）十字社興建，委任臺灣總督府辦理，一九〇四年動工，與醫學專門學校（今臺大醫學院）併建，一九〇五年二月竣工，由醫學校校長兼任院長。一九三六年，該建築物被臺北帝國大學醫學部（今臺大醫學院）收購，遂遷移至鄭州路，即今中興醫院。

圖13　臺北私立靜修女中——臺灣文化協會成立處

「臺灣同化會」被打壓而夭折後，臺灣知識分子於一九二一年十月十七日假靜修高等女學校成立「臺灣文化協會」。到會者有醫學專門學校、師範學校、商工學校、工業學校等學生及知識分子共三百餘人。推舉林獻堂為總理，蔣渭水為專務理事，有理事四十一人、評議員四十四人，本部設於臺北，是第一個臺灣非武裝抗日民族運動的結社團體。其後推動各項活動，如成立文化書局、讀報社，舉辦夏季學校、巡迴演講、文化劇公演、美臺團電影放映、音樂會欣賞等，並鼓勵體育活動、注重衛生等，為臺灣帶來深遠的影響。

日本統治臺灣中期（一九二〇年代至一九三〇年代）的基本政策。

順著這個政策脈絡，日本盛行的「社會衛生」[12]也延伸到臺灣。日本殖民政府需要健康的勞動力，因而必須重視臺灣的國民保健，但當時臺灣知識分子所關切的國民保健則是鴉片煙癮的問題。

一九二一年《臺灣青年》雜誌創刊後，不斷出現鴉片吸食毒害的言論；同一年，「臺灣文化協會」成立（圖13），蔣渭水醫師（圖14、15、16、17）明確提出鴉片煙

圖14 臺北蔣渭水紀念公園的蔣渭水雕像 蔣渭水（一八九一年～一九三一年），臺灣宜蘭人，臺灣文化協會與臺灣民眾黨的創立者，被視為日治時期反殖民運動最重要的領袖之一。

圖15 蔣渭水的大安醫院及《臺灣民報》總批發處 （莊永明先生提供）

圖16 大安醫院今貌 位於臺北市大同區延平北路二段三十一號的義美食品延平門市，原址為蔣渭水創辦的大安醫院，其左邊三十三號為《臺灣民報》總批發處原址。（資料由蔣朝根先生提供）

THE TAIWAN MINPAO
臺灣民報
新年特大號
迎臺灣的新新年
（旬刊）第壹號

圖17 《臺灣民報》 《臺灣民報》是蔣渭水一九二三年四月十五日創辦的純白話文報紙，強調「啟發我島的文化，振起同胞的元氣，以謀臺灣的幸福」。因當時殖民政府不准發行，因此將發行機構「株式會社臺灣雜誌社」設於東京，臺灣支局及總批發處則設在大安醫院隔壁。

圖18　臺灣議會請願運動

一九二一年一月三十日起，由林獻堂領銜、旅日與在臺民眾一百七十八人聯名簽署，向日本帝國議會提出《臺灣議會設置請願書》，要求在臺灣設置自治議會，到一九三四年九月二日決議停止，歷時十四年，提出十五次請願。這是臺灣對日本統治從武力反抗轉變為近代政治運動的第一個標誌，也是臺灣在日治時期歷時最久、規模最大的政治運動。（莊永明先生提供）

癮與民族健康的關連；一九二五年，「臺灣議會請願運動」（圖18、19）請願文中，指控總督府為了貪圖鴉片專賣收入，將國際禁止的鴉片毒害流傳臺灣；一九二七年七月，臺灣民眾黨（圖20、21）成立，衛生政策的主要訴求即是「廢止鴉片吸食」。

圖20 臺灣民眾黨本部舊址今貌

「臺灣文化協會」於一九二七年分裂，林獻堂、蔣渭水等人退出，並組織了「臺灣民眾黨」。

圖21 臺北市文化局在臺灣民眾黨本部所在地設立的解說板

然而臺灣的鴉片問題開始有了改善機會，卻是來自國際的壓力。先是上海鴉片會議[13]（一九〇九年）舉辦後，鴉片問題提升為國際問題；第一次世界大戰後，國際聯盟設置「鴉片諮詢委員會」（一九二一年），負責監督鴉片及麻藥[14]。根據規定，參與各國必須定時向鴉片諮詢委員會報告鴉片製造、分配、消費等情形，各國為顧及形象都厲行取締鴉片，防止鴉片濫用。

日本認真參與國際鴉片會議，洗刷了私下從事鴉片與麻藥買賣的罪名，英國人不甘心成為唯一的眾矢之的，於是將一份備忘錄交給國際聯盟祕書長，指出吸食、走私鴉片的問題不僅出現在英國領土，遠東其他各國也屢見不鮮，並提案要求派調查委員到遠東地區調查，當時臺灣民眾黨林獻堂、蔣渭水等人也提出控告，國際聯盟遂決定到遠東展開調查。由於日本不斷聲稱漸禁鴉片策略的優點，因而被列為重要的調查地區之一。

對於這項提案，日本政府表示贊同，認為只要將臺灣的鴉片專賣制度略做修正，諸如關閉鴉片煙館、籌建鴉片癮者治療醫院等即可。

一九二八年，總督府評估內外情勢[15]，發布《改正鴉片令》，要點是不得吸食鴉片（已獲特許者不在此限）、不得開設煙館或維持煙館、將對鴉片吸食者施行除癮的矯正治療、違反規定者處以監禁及罰金。由於官方宣示同時採取嚴刑、重罰及強制治療鴉片上癮者，命令發布之初，鴉片上癮者爭相尋求治療。

到了隔年十二月，警務局長石井卻發表：「基於人道理由，不能對已上癮的密吸者（指未領有特許狀者）給予處罰。」將再發特許狀給原先未申請的煙癮者。

臺灣民眾黨為了抗議這種「進一步退兩步」的做法[16]，一九三〇年一月二日以署名「代表全臺四百萬人的臺灣民眾黨」發了英文電報給日內瓦的國際聯盟總部，指出日本政府違反了國際條約，特許臺灣吸食鴉片，希望國際聯盟阻止日本實行此政策，聯盟隔日以電報回覆表示已受理臺灣民眾黨的提案。

總督府在調查委員會來臺灣探訪前一個月（一月十四日）公布《臺灣總督府鴉片矯正所規程》，並在隔天倉促施行，還改裝總督府中央研究所衛生部附屬瘧疾研究病房的三十張病床，挑選三十名吸食鴉片患者入院接受治療。

至少這是日本首次以治療為主要考量的設施，之後不得不繼續保持，甚至繼續強化。而以國際聯盟調查員訪臺（停留時間為一九三〇年二月十九日至三月二日）為契機所開始運作的鴉片矯正，更可說是臺灣鴉片問題的轉機。

總督府之所以能如此順利地轉型，是因臺灣第一個醫學博士杜聰明[17]投入鴉片研究許久，且已有治癒鴉片癮的實例與把握。

杜聰明早先十分關切臺灣鴉片問題，曾多次嘗試治療鴉片癮患者。留學歐美期間受命參加在美國費城召開的「世界麻藥教育會議」（一九二六年七月），在會議中發表〈臺灣鴉片問題〉，介紹臺灣的漸禁政策。此次會議經驗使他深感鴉片問題不僅關係日本在國際上的評價，更攸關臺灣人的民族名譽，也了解到鴉片癮患者的矯正治療是相當重要的課題。

杜聰明留學回臺（一九二八年）後，臺灣總督府專賣局委託他調查與研究慢性嗎啡中毒者的治療方法。那時臺灣總督府專賣局為設法促進漸禁政策，並增加鴉片收入，早就費盡苦心研究逐步減少煙膏內嗎啡含量的方法，並生產出粗製嗎啡。

由於總督府對鴉片煙膏的嗎啡含量極度保密，杜聰明的研究從戳破這個祕密開始。先分析出總督府專賣的鴉片煙膏中嗎啡含量只占五％，由於吸食用的鴉片煙管僅容其中一一・二％的嗎啡通過，因此實際進入吸食者肺部的嗎啡量只有〇・五六％，所以矯正治療不但容易，而且極有可能成功。杜聰明以學者的權威，打破了「鴉片煙癮為不治之症」的觀念，在戒鴉片的推動上格外有意義。

杜聰明回臺隔年四月，總督府任命他為鴉片矯正工作的實質負責人。並在臺北艋舺（今萬華）收容乞丐之「愛愛寮」（今愛愛院）（圖22、23），開始進行矯正治療實驗。

治療鴉片癮的方法有禁斷療法和漸減療法[18]，杜聰明採折衷方式「漸禁斷療法」，以鹽酸嗎啡為主要成分的藥方[19]代替鴉片煙膏。實驗結果，鴉片癮患者幾乎未發生劇烈的禁斷症狀，如渴求藥物、厭食、腹瀉、抽筋等，大多能夠在短時間內被治癒。

隨後，總督府命杜聰明前往朝鮮與上海調查嗎啡中毒與鴉片癮者問題，回臺後他提出

圖22 愛愛寮

愛愛寮即今臺北市私立愛愛院，位於臺北市萬華區大理街一七五巷二十七號。（攝於臺灣大學尊賢館愛心世界展覽室）

圖23 愛愛寮創辦人——施乾與其妻清水照子

一九二三年，被稱為「乞丐之父」的施乾辭去公職、變賣家產，創設收容乞丐的愛愛寮；一九三三年，變更為財團法人「臺北愛愛院」；一九四四年，施乾病逝後，由其妻清水照子接續；臺灣光復後更名為「臺北市私立愛愛院」。（攝於臺灣大學尊賢館愛心世界展覽室）

報告：朝鮮總督府除了訂立「麻藥專賣制度」，一九二三年即對中毒者進行登錄與治療，相較來說，臺灣總督府的鴉片策略是消極的。當時社會普遍認定鴉片癮無法醫治，若停止吸食便會死亡，但杜聰明研究發現：可以透過藥物治療為鴉片癮患者除癮，因此需要在臺灣創設鴉片癮治療醫院。

杜聰明的報告引起日本殖民政府注意，開始著手研究如何除癮的措施及辦法，加上此時日本正面臨國際聯盟的壓力，於是成立了「臨時鴉片癮矯正所」（一九三〇年）。

臨時矯正所開辦的二個半月間，在矯正所接受杜聰明治療的三十名患者都成功戒癮，這是人類史上首次依靠近代醫學矯正鴉片煙癮的成功案例。

因此，總督府在三月二十八日關閉臨時鴉片癮矯正所當天公布《鴉片癮矯正手續》，四月一日即成立正式矯正所，即後來的「臺北更生院」（圖24），院長為下條九馬一，杜聰明擔任醫局長，實際管理和營運皆由杜聰明擔任。除了臺北，也在臺灣各地的總督府立醫院中設立矯正科，採用杜聰明研發的方法治療病患，一九三四年完成第一期矯治計畫，戒癮成功率近九成[20]，從此了解戒除鴉片煙癮的治療並不困難。

杜聰明研發的尿中嗎啡檢測法，因簡便又科學，至今仍被世界各地警察單位採用。一九四〇年，杜聰明提出《鴉片吸食者特許矯正治療建議書》，內容包括滿洲國及朝鮮皆採煙癮禁斷政策、鴉片專賣收入已非主要目的、購買鴉片原料的經費可轉用於戰時必需的

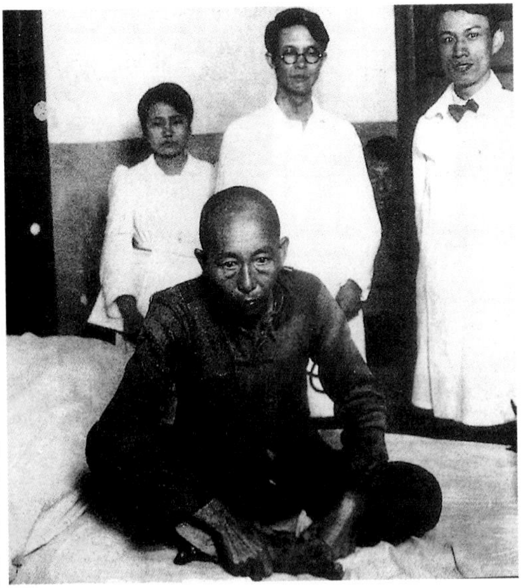

圖24● 杜聰明（中立者）於臺北更生院中為毒癮者治療
據蔣朝根先生提供資料：臺北更生院原設立於當時的中央研究所（位於今中山南路教育部），後遷至大稻埕日新町（今重慶北路、涼州街口），原址現為停車場。（莊永明先生提供）

醫藥品等，才說服總督府決定將漸禁轉為禁絕，也就是對所有鴉片癮者強行治療。

更重要的是，當時正值第二次世界大戰，藥用麻醉的價格高漲。太平洋戰爭爆發後，日本政府即使將蒙古全境變成罌粟栽培地和製造地，但因傷兵數量不斷增加，麻醉藥使用量急遽攀升，臺灣鴉片原料的供應中斷，總督府不得不在一九四四年九月停止製造鴉片煙膏，一九四五年六月十七日更廢止鴉片吸食特許制度，結束鴉片專賣制。十月，國民政府接收臺灣，臺北更生院改為省立戒煙所，由杜聰明擔任所長，隔年六月完成最後一位煙癮者的戒除工作。

杜聰明在醫學上的偉大貢獻是鴉片

圖25 醫學博士杜聰明
（莊永明先生提供）

藥癮研究及副作用輕微的「漸禁斷療法」，而他發明從病人尿液裡檢驗出鴉片濃度的方法，更是現代禁藥檢驗法的鼻祖。這位偉大的醫者不但有極高的學術成就，也將自己奉獻給醫療服務，以現代的角度來看，真是「臺灣之光」（圖25）。

附註

1. 日本明治維新之後成立議會，臺灣總督府要修改臺灣法律時，要以政府委員身分參加議會。
2. 當時日本政府內閣中設置臺灣事務局，掌理有關臺灣行政事務，總裁就是首相伊藤博文。
3. 甲午戰爭後，日本雖然從中國得到二億三千五十萬兩，即日幣三億六千萬元的鉅額賠償金；但因臺灣各地反抗運動迭起，軍事費用暴增，總督府及各廳都無法正常執政，收租稅也有困難，造成財政短絀。即便如此，日本政府還是僅願意從賠償金中撥出一千二百萬圓做為對臺補充金的一部分。
4. 就當時日本體制而言，政府權力較大，一旦政府決定採用漸禁策略，議會是不容易阻止的。
5. 「今後禁止鴉片進口，但對成癮已久的在地人，若禁煙恐有生命危險，是以將來鴉片由政府準照一定規則，准其作為藥用。」
6. 該令所定的要項大略如下：
(1)一切鴉片由政府專賣，政府以外任何人不准輸入或製造。
(2)未經特准，不許授受買賣及所有。
(3)禁止製造或出售含有鴉片成分之藥劑。
(4)限經政府指定之醫師（公醫）診斷認為有鴉片癮者，附有鑑定證明書，特准其購買及吸食。
(5)如犯私自販賣、交換、讓與、再製、栽培罌粟、吸食、輸入者，予以處罰。
7. 總計有六千四百五十六人決定返回中國，這是指有向臺灣的日本政府申報者，不包括私自偷渡者。選擇回中國的原因，其一為已考取功名之進士、舉人、秀才出身者及有志於清朝宦途者，其二為在中國有產業者。
8. 一八九九年施行食鹽專賣，同年七月以及一九〇五年四月又分別將樟腦、菸草納入政府的專賣事業。
9. 當時納入教材的漢詩內容：「許多煙鬼最堪憐，憔悴形容如坐禪。不覺漸成長命償，對人無語更悽然。煙鬼癡迷真可憐，室家重寶化成煙。任人談笑渾無恥，剩得妻孥泣涕漣。」
10. 「鸞堂」又稱為「儒宗神教」，信仰主神稱為「恩主」，有學者稱之為「恩主公崇拜叢」。日治時期的警察調查報告名為「降筆會」，其宗教活動為透過神靈附身於正鸞手，藉以推動桃筆在沙盤上書寫文字，為神人溝通的方式之一。這種借助「神力」的民俗治療方式是中國原有的現象。清末時期，鸞堂在鸞書中已將鴉片視為宇宙蒼生最厲害的毒藥之一，甚至傳說有神祇降筆警惕世人鴉片之毒害，並希望鸞生能以身作則戒除鴉片煙癮，但皆僅止於道德勸說，並無提供具體的戒煙方法。
11. 至一九〇一年九月底為止，全臺吸食鴉片的有十六萬九千零六十四人，戒煙的有三萬七千零七十二人，透過扶鸞戒煙的有三萬四千三百七十八人，占吸食人口的比例超過二〇%，更占全臺戒煙者九二%。
12. 按范燕秋教授觀點，「社會衛生」是重視影響個人健康的社會經濟因素，因而由國家提供更均等的醫療衛生服務，或改善相關的社會經濟條件，亦可稱為國民保健。殖民政府重視殖民地社會衛生的原因是需求健康勞動力的必要。
13. 一八九八年，美國領有菲律賓和夏威夷，長期派駐馬尼拉的美國傳教士布蘭特 (Bishop Charles H. Brent) 極力向美國政府強調鴉片煙害的恐怖，反覆要求對菲律賓採取防遏措施，以及取締根源所在的中國鴉片。當時美國老羅斯福總統 (Theodore

Roosevelt)乃於一九〇六年向菲律賓全境發布嚴格的鴉片禁令，同時倡議召開解決中國鴉片問題的國際會議；一九〇九年二月在上海召開討論鴉片問題的國際會議，共有日、中、美、英等十二國參加，最後通過《國際鴉片會議決議書》，表明贊同和協助中國的禁煙計畫與運動，以及對吸食及販賣的取締，但這份決議書不具任何約束力。一九一一年十二月，美國再於海牙召開會議，通過《海牙國際鴉片條約》，將《國際鴉片會議決議書》條約化；但隨著第一次世界大戰爆發，各國忙於戰爭，相關條約因此被擱置了。

14. 第一次世界大戰後，許多歐洲人及北美洲人面臨社會壓力，濫用麻藥情形變得嚴重。

15. 第一次世界大戰爆發後，臺灣與日本經濟都有極大的發展，因而有了更多產業稅收。鴉片收入額卻逐年下滑，至一九二九年，鴉片收入僅占年度歲入三・七%，而產業發達不但改善了勞動者的工作環境，更增加了對健康者的需求。此時日本已統治臺灣超過三十年，相當多臺灣人已認同日本，再加上中、日關係日益緊迫，必須早一日將臺灣人作為其西進或南進的人力資源，於是開始認真執行禁斷及矯治的政策。

16. 臺灣民眾黨於一九二九年十二月二十二日首先向警務局長石井提出抗議書，同時發電報給濱口首相、松田源治拓務大臣，要求禁止增發鴉片吸食特許。

17. 杜聰明為臺北淡水人，一九〇九年考入臺灣總督府醫學校。他當時入學成績雖名列榜首，但體格檢查評定為丙下，若非醫學校代校長野純藏堅持，差點因此遭考試委員反對入學。五年後以第一名自醫學校畢業，卻放棄成為開業醫師的機會，進入總督府中央研究所任職，研究當時快速崛起的細菌學，及構成熱帶醫學核心之寄生蟲學。一九一六年，東渡日本進入京都帝國大學醫學部研究科，五年後成為京都帝國大學醫學博士，為當時臺籍人士獲此學位的第一人。一九二二年自京都返臺後出任臺北醫專教授及中央研究所技師，同年創建藥理學教室，從事中藥、臺灣蛇毒及鴉片的研究；一九三〇年任職臺北更生院，時以鴉片癮者的微量檢查與戒癮治療著稱，臺灣毒蛇研究亦由他首開先聲。一九三七年起被聘為臺北帝國大學醫學部教授，為當時該校唯一的臺籍教授。一九四五年以後，出任臺大醫學院院長、第一附屬醫院院長及熱帶醫學研究所所長等職。一九四七年至一九五四年再被聘為省府委員。一九五四年倡辦私立高雄醫學院並兼任院長，一九六六年自高雄醫學院退休。一九八六年病逝臺北，享壽九十三歲。

18. 禁斷療法就是禁止患者吸食鴉片，於短期內戒除鴉片煙癮的治療方式，由於禁斷症狀激劇，鴉片癮患者耐不住痛苦，尤其是病弱、衰老的患者容易引起虛脫症狀，有可能導致生命危險；而漸減療法則側重於長期漸次減少鴉片煙膏的吸食量，但有耗時過長的缺點。

19. 名為「更生院藥散」、「更生院藥水」，一九七六年香港政府大力推行的「美沙酮解毒計畫」，使用的美沙酮藥水主要成分就是與更生院藥散、藥水同樣的鹽酸嗎啡。

20. 第一期需要矯治之鴉片癮者共一萬七千四百六十八人，完成矯治人數共一萬五千四百三十四人，死亡人數為一千五百二十九人，未完成矯治人數共五百零五人，成功率為八八・三五%。

大事記

- 1895 ■日本對臺灣人抽鴉片的策略，從原本的嚴禁改成漸禁，並開始實施鴉片專賣
- 1896 ■臺灣總督府設立製藥（鴉片）所，生產鴉片煙膏
- 1897 ■總督府先後發布《臺灣鴉片令》與《鴉片令施行規則》
- 1898－1901 ■臺灣民間揭起了鸞堂降筆會戒煙運動
- 1901 ■成立臺灣總督府專賣局
- 1921 ■臺灣文化協會成立，蔣渭水醫師提出鴉片煙癮與民族健康的關連
  臺灣議會請願運動開始
  國際聯盟設置「鴉片諮詢委員會」
- 1925 ■「臺灣議會請願」第六次請願文指控總督府為了貪圖專賣鴉片收入，將國際禁止的鴉片毒害流傳臺灣
- 1927 ■臺灣民眾黨成立，要求「廢止鴉片吸食」
- 1928 ■總督府發布《改正鴉片令》
- 1929 ■總督府任命杜聰明為鴉片矯正工作的實質負責人
- 1930 ■一月十五日到三月二十八日，「臨時鴉片癮矯正所」成立
  二月十九日至三月二日，國際聯盟調查團來臺灣調查鴉片問題
  四月一日，「臺北更生院」成立，由杜聰明擔任醫局長
- 1934 ■杜聰明完成第一期鴉片煙癮矯治計畫，戒癮成功率近九成
- 1940 ■杜聰明說服總督府，由漸禁鴉片轉為禁絕
- 1945 ■六月十七日，總督府結束鴉片專賣制度
  十月，國民政府接收臺灣，臺北更生院改為省立戒煙所，由杜聰明擔任所長
- 1946 ■六月，杜聰明完成臺灣最後一位鴉片煙癮者戒除工作

11 日治時期的兩岸關係

你以為：日治時期的臺灣與中國沒有外交活動
事實是：臺灣總督府制訂了「對岸政策」與中國往來

日本統治臺灣之後，為了達成統治中國的野心，將臺灣定調為日本拓展中國華南及東南亞勢力的基地，因此並未禁止兩岸往來，反而用盡心思透過興辦學校、醫院及報紙等方式，經營與對岸的關係。

日本治臺隔年，第二任總督桂太郎（圖1）就職時，即強調日本應採取北守南進政策[1]。「北守」是因畏懼俄國強大勢力而暫時採取守勢；「南進」又稱為「南支」或「對岸」[2]政策，即有意在中國福建扶植日本勢力[3]，將此地區納入日本統治；並進一步擴展到「南支南洋」[4]，甚至是二戰時期的「南方」[5]。

由於桂太郎擔任臺灣總督僅短短四個月，無法實現他的企圖。第三任總督乃木希典認為臺灣是燙手山芋，任期內日本議會還曾打算賣掉臺灣。直到第四任總督兒玉源太郎（圖2）就任（一八九八年初）後，日本對治理臺灣才有更明確的目標。

圖1　第二任臺灣總督桂太郎
桂太郎就職後，即強調日本應採取北守南進政策。（國立臺灣博物館提供）

圖2　第四任臺灣總督兒玉源太郎
兒玉源太郎在對岸經營策略上，有更明確的目標。（國立臺灣博物館提供）

兒玉源太郎就任後的隔年中發表《有關臺灣過去及將來之備忘錄》共十四條，內容大部分是以「對岸經營」為重點，他將目標從福建省縮小到以廈門（圖3）為中心，認為有利於對臺灣的統治，從此臺灣總督府（圖4）施政的重要策略是將臺灣建設成日本向福建省、南洋地區發展的基地。

日本對福建有強烈的意圖，又看到德國強租膠州灣、俄國租借旅順及大連、英國強租威海衛、法國強租廣州灣等地，因而向滿清朝廷施加壓力，以維護臺灣安全為藉口，一八九八年四月底強迫清方與日本訂立《福建省不割讓條約》，要清朝廷承諾福建省永久不割讓給其他列強。

清朝廷的意思是永不割讓給包括日本在內的各國，但日本則強詞奪理解釋為不可割讓給日本以外的他國，所以接下來日本在福建省所做的事就完全不受該條約所約束。此條約其實與日本的「對岸」政策息息相關，簽訂之後引起英、美、俄、法等國的注意及防範。

一九〇〇年一月，臺灣總督府為了處理和中國的關係事務，設立了「對岸事務掛」，統轄和福建、廣東的有關政務。

二月，清朝廷在日本的壓力下低頭，逮捕從淡水逃抵廈門的「臺灣抗日三猛」之一的簡大獅[6]，並以「日本國之匪徒」名義，接受日本引渡而遞解出境，簡大獅被押返臺灣後，三月十一日被絞死於臺北監獄刑場內。

圖3 今日廈門

兒玉源太郎的對岸政策以廈門為中心。

圖4 臺灣總督府（今總統府）

日治時期的總督府除了是臺灣統治中心，更是向中國前進的基地。

經濟策略方面，日本統治後最重要的工作就是掌握臺灣金融市場，第一步就是統一臺灣流通貨幣，籌劃創辦「臺灣銀行」（圖5）。日本帝國議會通過《臺灣銀行法》[7]後籌備兩年多，一八九九年九月正式營業並發行新貨幣，除在臺北設置總行，並在臺南、臺中、嘉義、宜蘭、鳳山、新竹、澎湖、淡水八個地方開設分行。

兒玉源太郎在《備忘錄》中提議「開設臺灣銀行廈門支店（分行）」，就是要以廈門分行做為經營對岸的窗口，為將來占領廈門鋪路。當時的臺灣總督府民政長官後藤新平（圖6）曾向臺灣銀行創立委員會提出：「廈門是臺灣的中心，至少在歷史上，廈門是控制臺灣財經界的中心。」所以要藉開設分行吸收廈門一帶的資金以供臺灣建設，更重要的是《福建省不割讓條約》簽訂後，在日本南進策略上，廈門的地位將比臺灣更具「前哨」意義，提高了廈門開設分行的必要性。

日本當局接受這個意見，一九〇〇年一月開設廈門分行，後藤新平特別從臺灣到廈門以表示日、華親善，並聯絡臺灣富戶林維源（圖7）等商人，廈門分行五月即正式營業。

臺灣銀行具有殖民地中央銀行的性質，兼具支援對岸政策的金融事業之使命，成立後第四年設立香港分行，隨後福州、汕頭、廣東、上海、九江、漢口等各地也設了分行。這些分行營業對象最早是臺籍商人及海外華僑，後來擴及日本商人，以及成為日本資金流通中國的仲介角色，臺灣銀行也積極擴展南洋地區市場，扮演日本南進的重要經濟推手。

圖5 臺灣銀行總行大廈
日本統治臺灣後的第一步，就創設「臺灣銀行」，以掌握臺灣的金融。

圖6 民政長官後藤新平
後藤新平在臺任內進行土地調查、戶口普查及風俗習慣調查，促進科學、農業、工業、衛生、教育、交通與治安等發展，並招撫抗日分子，攏絡臺灣仕紳，奠定日本在臺的統治基礎。（國立臺灣博物館提供）

圖7 臺灣富商林維源
據日治時代臺灣總督府調查，臺北地區排名第一的富豪就是板橋林家第四代林維源，《馬關條約》後，全家遷居於閩南廈門。

一九〇〇年，日本趁著北京發生義和團事件，參與「八國聯軍」，更想藉機強占廈門，因而製造了一場「廈門事件」。

當年八月二十四日凌晨，位於廈門仔頂街的日本東本願寺布教所發生火災。事發後，後藤新平先抵廈門，日軍計畫八月二十八日從基隆港出發，後藤新平準備等三十日軍隊一抵達，即以火警是清朝暴民所為為由，向清朝廷發出最後通牒，預估清朝廷會拒絕，日軍將在隔天凌晨五時展開軍事行動。

這事件事後被證實是由日本內閣總理大臣山縣有朋、曾任臺灣總督的陸軍大臣桂太郎及兒玉源太郎、後藤新平四人設計，且獲得了明治天皇（圖8）的特許。

學者陳文添認為兒玉源太郎除了想藉出兵廈門來建立功名，也認為清朝廷支離破裂，東北已被俄國占領，無力顧及南方；取得廈門是臺灣往後向華南發展的根據地，也可根絕臺灣匪徒逃亡廈門的管道。再者，臺灣政治上雖屬日本所有，經濟上仍屬於中國經濟圈的一環，因此取得廈門是一石二鳥的策略。

然而當時在廈門已流傳該事件是日本人自導自演[8]，且各國早已認定日本想要強占廈門、福建，於是清朝廷向日本提出抗議，俄國也向日本提議撤兵，接著英、美、法、俄都派遣軍艦到廈門，準備陸戰隊登陸，大有不惜一戰的態勢。

日本得知各國強烈反彈，在新內閣總理大臣伊藤博文（圖9）支持及明治天皇核准下，部

圖8 明治天皇

所有對岸政策都是在明治天皇的敕許下進行的。（博揚文化提供）

圖9 伊藤博文

廈門事件撤兵的決定，伊藤博文是關鍵人物，他為避免和外國（主要是英國）發生衝突而主張撤兵，認為若因此事件使日、英同盟無法締結，就得不償失了。（攝於安徽合肥李鴻章故居）

隊停止進兵廈門並轉向回臺。

這次事件也影響了孫中山的革命事業。據學者王學新的研究，當時孫中山在日本政府奧援下，已成為反清勢力的盟主，被臺灣總督府視為應積極扶植的對象。雙方原本達成協議，總督府供給革命軍銀餉、武器、彈藥，分別從廈門、惠州出兵。

雖然廈門事件失敗，可是日軍在八國聯軍中仍是主力軍，戰鬥力也最為凶猛，獲得西方列強的重視，仍躋身帝國主義國家行列；再者，日本獲得了教訓，不可單獨發動侵略戰爭，必須拉攏西方列強國家做為同盟，促使日後日本致力於親英外交，以至於一九〇二年「英日同盟」成立。

廈門事件除引起當地市民極大恐慌，對日本人的觀感更是一落千丈。臺灣總督府在福建的擴張侵略只好改以經濟行動為主，即是以民營公司的型態出現。

廈門事件發生兩年後，在後藤新平授意下，由愛久澤直哉[9]為代表於廈門設立「三五公司」[10]，做為總督府對岸政策的代行者。

三五公司在總督府大力贊助的九年間（一九〇二年至一九一一年），擁有包括華南樟腦、鐵道、書院、礦山、水道等事業，南洋還有橡膠、植林、採貝等業務，規模空前龐大，前景十分看好。

其中關於東亞書院的經營，更可看出臺灣總督府對岸政策的策略。兒玉源太郎在廈門事件發生前一年，建議日本政府應將日本文化普及到與臺灣關係最密切的泉州、漳州等地，以在福建省扶植日本的潛在勢力，因此計畫在廈門設立日本語學校。

之後集合當地有志者籌設「廈門東亞書院」招收當地人入學，但廈門事件後，當地人對日本印象惡劣，東亞書院門可羅雀。

總督府當時財政拮据，且日俄戰爭在即，無暇兼顧對岸，於是將經營東亞書院的事委託給三五公司。愛久澤直哉調查了書院的情形，發現學校課程不符合中國需要，畢業生不像當地美系同文書院的畢業生一般享有就業優待（如任用為菲律賓政府書記等），因此不受中國人歡迎。愛久澤直哉主動雇用畢業生到公司經營的潮汕鐵路等處，並企圖將書院轉型為鐵道員工養成所。

但後來日本政府基於整體利益考量，由「北守南進」轉為「北進南守」政策，不再積極支持臺灣總督府在華南的諸多措施，加上愛久澤個人性格缺陷及奢靡之風遭受非議，福建業務停滯不前。到了一九〇六年，大力贊助的兒玉源太郎與後藤新平分別調回日本及到滿州國任職，繼任的總督佐久間左馬太因重視臺灣理番事業，屢次收回對三五公司的補助金。

東亞書院於一九〇九年關閉，樟腦、鐵路經營等也陸續關閉或轉讓；兩年後臺灣總督府停止對三五公司的補助金，並追討各款項，三五公司不再擔負總督府對岸政策代行者角色，而將經營主力轉向東南亞。

圖10 民政長官下村宏
下村宏在臺灣擔任民政長官（後改稱總務長官）正值日本大正天皇時期，積極推動南進政策。（國立臺灣博物館提供）

第一次世界大戰爆發後，日本身為戰勝國，從債務國變成債權國，國勢轉強，開始向海外輸出資本及人才，政治上則進入了「大正民主」期[11]。

當時擔任臺灣第六任與第七任總督的民政長官是下村宏（圖10），他積極推動南進政策，即是「大正南進期」。

下村宏基本上承襲兒玉源太郎、後藤新平的路線，以學校、醫院、新聞的經營為中心。

日本政府認為中國在辛亥革命後，因軍閥割據而出現分裂，是千載難逢的良機，可用來擴展日本在中國的權益。尤其陸軍當局更是嚴陣伺機要出兵中國，但又怕列強干預，於是開始扶植潛在勢力，以備一有戰事可成為一大助力。

下村宏指出：臺灣與華南有密切關係，臺灣人常思慕祖國，容易受祖國影響，若要同化臺灣人應多著力在中國，特別是華南地區。臺灣總督府在《臺灣與華南之關係及現在之設施與將來之方針》中更提及「原本臺灣之統治就是我日本人是否能真正統治中國人的絕佳試金石」。臺灣總督府為了穩固臺灣的統治，必須積極培植潛在勢力。也就是，臺灣總督府的南進政策與日本政府的中國政策是一致的，以「日、中親善」為掩護來扶植潛在勢力，終極目的就是要「真正統治中國人」。

在「日、中親善」原則下，臺灣總督府轉向以經濟文化的和平方式，除積極促成中、日合辦事業，更透過教育、醫院、新聞及文化事業培植潛在勢力。在教育方面，鑑於廈門東亞書院以教育廈門當地人為主的策略失敗了，於是改以「臺灣籍民」（特別是他們的下一代）為主要教育對象，並更進一步連結親日分子，讓他們形成依附並支持日本的主力。

「臺灣籍民」其實頗為複雜，依據《馬關條約》規定，臺灣居民在兩年選擇期[12]過後仍居留臺灣，就自動加入日本籍。而有日本籍的臺灣人到中國或東南亞居留，則為臺灣籍民（等同今稱「臺胞」）。

臺灣籍民可享有一些特權，因此有些人透過特殊管道取得臺灣籍民身分，有一類是臺灣割讓前後偶然來臺灣居留者；另一類則是福建或廣東人透過在臺的親戚朋友以賄賂等不正當手段取得；或在福建、廣東等地收買臺灣護照後，向當地日本領事館登記申請。

更有一類是從沒到過臺灣，但臺灣總督府基於政策想籠絡一些富商，對他們的申請予以寬大處理；在廈門取得的人稱為「廈門籍民」，在福州取得的人稱為「福州籍民」，又稱「假冒籍民」。

學者梁華璜教授指出：當時臺灣籍民在日本領事館庇護下，可享有幾項特權：其一是治外法權，即在中國犯罪，卻依日本法律審判的「領事裁判權」，許多臺灣籍民藉此做非法營業（販毒、開煙館、賭場、妓館等）的保護，甚至只要加入「臺灣公會」[13]，便可在商店門口懸掛木製會員徽章，中國警察看到便不敢取締，因此也被戲稱為「護符」；其二可免除地方稅，於是有中國商人為了逃稅與臺灣籍民合資（其實臺灣籍民的投資額甚少），而懸掛「日商洋行」的招牌便可免繳中國官方徵稅。甚至有不少人以出租「臺灣籍民」的名義（且可同時出租給數人）坐收暴利。此一特權之濫用使中國地方稅收大受影響，一再向日本領事館（圖11、12、13）抗議。

這樣背景的臺灣籍民正是日本領事館及臺灣總督府可利用的人力，但鑑於許多臺灣籍民（包括籍民下一代）都不懂日語，對日本無任何「忠君愛國」思想，因此日本領事憂心忡忡，認為不可忽視籍民的教育。

一九〇七年三月，福州領事館代理領事請求總督府派員教育當地居留民，民政長官派員調查後認為籍民子弟教育必須依據臺灣公學校之學科課程，聘任有資格的教員，且堅持

圖11 位於廈門島對岸的鼓浪嶼

日本領事館即設於鼓浪嶼。

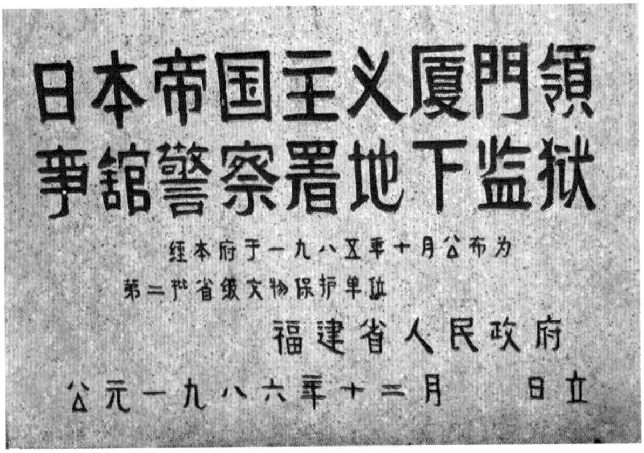
日本帝国主义厦門領
事館警察署地下监狱
经本府于一九八五年十月公布为
第二批省级文物保护单位
福建省人民政府
公元一九八六年十二月　日立

圖12 位於鼓浪嶼的日本領事館碑

圖13 位於鼓浪嶼的日本領事館

一八九六年，日本政府強迫清朝廷允許其在廈門設立領事館，選址緊靠英國領事館的鼓浪嶼思明區鹿礁路二十六號，隔年建成。

對岸的臺灣人子弟教育必須由臺灣公學校的派遣教員擔任。總督府開始重視對岸籍民教育，隔年創辦了福州東瀛學堂（後改稱東瀛學校）。

廈門方面，臺灣公會先是在一九〇七年成立「國語研究會」，算是日語補習教育。三年後，臺灣公會經臺灣總督府准許在廈門設置學校，校名為旭瀛書院，主要招收臺胞子弟，並仿效日本學制：小學設本科六年，高等科二年，特設科一年。除了辦學，公會所屬學務部還負責學齡兒童調查、育嬰宣傳等工作。

旭瀛書院成立五年後，汕頭也成立東瀛書院，福州、廈門、廣東、香港等地也設立日本人學校。因許多籍民雖有日本籍，但不少人自認是中國人，因此要教育這些籍民真正感受到身為帝國臣民的榮譽。福州、廈門、汕頭原先是以臺灣籍民為招生對象，逐漸發展後，隨著愈來愈多非臺灣籍民的中國學生入學，反而以教育中國人子弟為主要目的，這也是日本領事館及臺灣總督府所樂見的——也就是以教育為手段，使中國人理解日本人的行徑而不至於反對，進一步使日、中貿易關係更為密切，穩固日、中親善的基礎。

辦學校、實施教育成為整個對岸政策的配套措施，藉此軟化中國人的抗日意識，並培育親日分子，一旦有事就能成為替日本效力的勢力，因此視教育是一種「自衛策略」。

不過，當時福建省在辛亥革命後，已成為美國衛理（Methodist）教派傳教士傳教的重點地區，並在日本領事館附近新設置二、三所學校。無論在設備、學風、師資及畢業出路上，美系學校都比日系學校更適合中國學生，美國人將宗教與教育、政治相結合，並給予信徒安全、進步、新潮的感覺，因而廣受歡迎，而且美系學校鼓吹反日，成了日本在當地辦籍民教育的威脅。

除了教育，臺灣總督府還設立醫院。早在廈門事件後，兒玉源太郎開始修正對岸策略，以表面標榜和平的事業為主，其中之一就是設立醫院，由於經費龐大，無法付諸實行。下村宏的構想則是以中、日合辦方式組織財團法人博愛會，再由博愛會來經營醫院。

他首先促成「廈門博愛會」[14]成立，並申請獲准設立財團法人，一九一八年三月，廈門博愛會醫院開業（圖14、15、16）。

圖14 立於菽庄花園的林爾嘉雕像
林爾嘉為林維源養子，與日本政府的關係密切，曾任臺灣銀行監事（一九一一年辭），並參與籌辦廈門博愛會醫院，又任善鄰協會幕後指導的《全閩新日報》社長。

圖15　位於鼓浪嶼的林家花園——菽庄花園(1)

博愛會醫院開業之初先借用林爾嘉的房地，而後才加以購買。

圖16　位於鼓浪嶼的林家花園——菽庄花園(2)

建於一九一三年，面積兩萬多平方公尺（包括水域）；一九五一年，林爾嘉在臺灣病逝後，其夫人將菽庄花園捐獻給廈門市政府。

接著福州、廣東、汕頭的博愛會醫院先後成立，成為總督府對岸政策之最大事業，每家醫院每年的補助遠超過教育及報紙事業。

博愛會醫院提供較優良的醫療品質及服務，自然拉近中、日兩國之關係。即使後來因經費因素而無法繼續實施高比例的慈善醫療工作，且增加收費，仍然吸引一、二十萬人去看病，可見醫院不像學校那樣容易受到反日運動的影響。

此外，還有經營報紙。一九一八年由臺灣總督府資金補助收購《福報》改組經營，在福州辦《閩報》，隔年在廈門辦《全閩新日報》，這兩份報紙是臺灣籍民經營的報社，不過臺灣總督府操控新聞報導方向，並由臺灣最高警察機構主導的「善鄰協會」撥給補助金，所以在新聞報導上能有多少言論自由已不言而喻了。

學者鍾淑敏教授指出：臺灣總督府對岸工作的實權掌握在警務局，警務局保安課監督善鄰協會，衛生課監督博愛會醫院，加上派遣警察赴對岸擔任密探，對岸事務可說是臺灣島內警察統治的延伸。

蘆溝橋事變（一九三七年）爆發後，臺灣總督府的對外關係只能跟隨著日本政府的腳步，最具代表性的是「臺灣拓殖株式會社」（簡稱「臺拓」，創設於一九三六年），這是由臺灣總督府、糖業資本及財閥資本等合資，以推進臺灣工業化和開發南中國、南洋為目的而設立的半官半民「國策會社」（特種公司）。設立目標是將臺灣建設為日本南進政策的據點，在臺灣島內外展開各種不同的事業，第二次世界大戰時也支援軍需工業。

臺拓的據點遍及臺灣島內、中國華南及東南亞，初期以開墾農林事業為主，大戰時則生產棉花、奎寧、橡膠、稀土礦產等物資，提供日本使用。在臺灣則著重東部開拓，是臺灣東部地區開發的重要推手；在中國廣東主要為水道事業、造船鐵工業，香港則是水道、採礦、栽培事業等。其中以配合日本占領而在海南島推進各項事業為最重要，包括農林漁業、鐵路修築、水力發電廠、大規模築港以及開發鐵礦，企圖使海南島成為第二個臺灣。

臺拓總公司設在臺北市，隨著逐步增資及多角化經營，成為擁有眾多子公司的大企業，這些龐大的資產，在日本戰敗投降後，全部被國民政府接收了。

日本統治臺灣的五十年中，臺灣總督府以臺灣為基地，推動以「對岸」、「南支南洋」為目標的政策，甚至配合整個日本在戰時對「南方」進行拓展。

日本想以臺灣來圓中國夢，夢終究是碎了。但生活在始終被當成「基地」與「跳板」的臺灣島上的我們，是否想過該如何自我定位？

歷任臺灣總督表

<table>
<tr><th>任次</th><th>總督姓名</th><th>職別</th><th>任職時間</th><th>民政局長＊</th><th>任職時間</th></tr>
<tr><td>1</td><td>樺山資紀</td><td>武職</td><td>1895 年 5 月 10 日～
1896 年 6 月 2 日</td><td rowspan="2">水野遵</td><td rowspan="2">1895 年 5 月 21 日～
1897 年 7 月 20 日</td></tr>
<tr><td>2</td><td>桂太郎</td><td>武職</td><td>1896 年 6 月 2 日～
1896 年 10 月 14 日</td></tr>
<tr><td>3</td><td>乃木希典</td><td>武職</td><td>1896 年 10 月 14 日～
1898 年 2 月 26 日</td><td>曾根靜夫</td><td>1897 年 7 月 20 日～
1898 年 3 月 2 日</td></tr>
<tr><td>4</td><td>兒玉源太郎</td><td>武職</td><td>1898 年 2 月 26 日～
1906 年 4 月 11 日</td><td>後藤新平</td><td>1898 年 3 月 2 日～
1906 年 11 月 13 日</td></tr>
<tr><td rowspan="4">5</td><td rowspan="4">佐久間
左馬太</td><td rowspan="4">武職</td><td rowspan="4">1906 年 4 月 11 日～
1915 年 5 月 1 日</td><td>祝辰巳</td><td>1906 年 11 月 13 日～
1908 年 5 月 22 日</td></tr>
<tr><td>大島久滿次</td><td>1908 年 5 月 30 日～
1910 年 7 月 27 日</td></tr>
<tr><td>宮尾舜治</td><td>1910 年 7 月 27 日～
1910 年 8 月 22 日</td></tr>
<tr><td>內田嘉吉</td><td>1910 年 8 月 22 日～
1915 年 10 月 20 日</td></tr>
<tr><td>6</td><td>安東貞美</td><td>武職</td><td>1915 年 5 月 1 日～
1918 年 6 月 6 日</td><td rowspan="2">下村宏</td><td rowspan="2">1915 年 10 月 20 日～
1921 年 7 月 11 日</td></tr>
<tr><td>7</td><td>明石元二郎</td><td>武職</td><td>1918 年 6 月 6 日～
1919 年 10 月 24 日
（死亡）</td></tr>
<tr><td>8</td><td>田健治郎</td><td>文職</td><td>1919 年 10 月 29 日～
1923 年 9 月 2 日</td><td rowspan="2">賀來佐
賀太郎</td><td rowspan="2">1921 年 7 月 12 日～
1924 年 9 月 19 日</td></tr>
<tr><td>9</td><td>內田嘉吉</td><td>文職</td><td>1923 年 9 月 6 日～
1924 年 9 月 1 日</td></tr>
<tr><td>10</td><td>伊澤多喜男</td><td>文職</td><td>1924 年 9 月 1 日～
1926 年 7 月 16 日</td><td rowspan="2">後藤文夫</td><td rowspan="2">1924 年 9 月 22 日～
1928 年 6 月 26 日</td></tr>
<tr><td>11</td><td>上山滿之進</td><td>文職</td><td>1926 年 7 月 16 日～
1928 年 6 月 16 日</td></tr>
</table>

任次	總督姓名	職別	任職時間	民政局長*	任職時間
12	川村竹治	文職	1928年6月16日～1929年7月30日	河原田稼吉	1928年6月26日～1929年8月3日
13	石塚英藏	文職	1929年7月30日～1931年1月16日（因處理霧社事件不當，引咎辭職）	人見次郎	1929年8月3日～1931年1月16日
14	太田政弘	文職	1931年1月16日～1932年3月2日	高橋守雄	1931年1月17日～1931年4月14日
				木下信	1931年4月15日～1932年1月12日
15	南弘	文職	1932年3月2日～1932年5月26日	平塚廣義	1932年1月13日～1936年9月2日
16	中川健藏	文職	1932年5月26日～1936年9月2日		
17	小林躋造	武職	1936年9月2日～1940年11月27日	森岡二朗	1936年9月2日～1940年11月27日
18	長谷川清	武職	1940年11月27日～1944年12月30日	齋藤樹	1940年11月27日～1945年1月5日
19	安藤利吉	武職	1944年12月30日～1945年10月25日	成田一郎	1945年1月5日～1945年8月

* 民政局長於一八九八年三月改為民政長官，一九一九年八月再改為總務長官。

附註

1. 按鍾淑敏教授的觀點，近代日本對外擴張有「北進」與「南進」政策。「北進」指的是以向朝鮮、中國東北（滿蒙）為主要擴張路線；「南進」則有兩條主要路線，一是經由沖繩、臺灣、華南向今所稱東南亞方向；一是經由東京南方的小笠原群島、南洋群島（指馬里亞納群島等）或菲律賓指向大洋洲的路線。

2. 按鍾淑敏教授的觀點，當時「對岸」的概念指的是以福建為中心，雖然也有通過浙江省與長江流域聯絡的意圖，但基本上以福建與廣東為臺灣總督府工作的重心。至於對岸的概念，有時與「南清」、「南支」用語重疊，也有時與一般地理概念不同。對總督府而言，「南支」概念並非一成不變。

3. 臺灣總督府認為臺灣與福建之間不僅地理上相當接近，且一八八五年建省之前，臺灣都是屬於福建省；加上臺灣人民大部分來自福建，語言、民俗、風俗大同小異，因此要經營福建省，特別是廈門、福州、汕頭等城市，應該是容易的。

4. 按鍾淑敏教授的觀點，大正時期（一九一二年至一九二六年）「南支南洋」成為主要用語，至二次大戰之後，則有所謂「南方」的用語。「南支」是指福州、廈門、汕頭、廣東等日本帝國領事館所轄區域，亦即福建、廣東、廣西以及香港、澳門；「南洋」指以馬來群島為中心，包括菲律賓、英屬婆羅州、荷屬印尼、荷屬帝汶，以及構成亞洲大陸南端的法屬印度支那、暹羅、英屬馬來。區域隨著總督府的想法而擴張或縮小，例如：「南支」的範圍曾因戰略地位考量而包括雲南、法屬地區；「南洋」範圍曾包括德屬南太平洋諸島，實際上「南支南洋政策」的施行範圍卻遠不及此。

5. 按鍾淑敏教授的觀點，戰爭時期所用的「南方」一語，是一九四一年太平洋戰爭之後，日本對東南亞、南太平洋諸島的通稱。西至緬甸、印度之安達曼島，南至印尼、新幾內亞北部、所羅門群島，東至吉爾伯特島，北至阿留申列島。其中又分為菲、英屬婆羅州、蘇門達臘、爪哇、英屬馬來、緬甸等陸軍軍政區；以及荷屬婆羅州、西里伯斯、摩鹿加群島、小巽他諸島、西幾內亞、俾斯麥諸島、關島等海軍軍政區。在廣闊的「南方」，臺灣總督府雖然僅能配合日本中央，談不上獨自的對外政策，但是在過程中，臺灣人也會被派往上述各地，使得活動範圍遠大於戰前期。

6. 簡大獅（一八七〇年～一九〇〇年三月二十九日），名忠誥，號大獅，臺北淡水人，與柯鐵虎、林少貓並稱為「抗日三猛」。日本統治臺灣初期，簡大獅先率眾在大屯山區一帶抗日，參加二次圍攻臺北城的行動，一八九八年九月歸順臺灣總督府，不久受不了日軍橫暴又率眾繼續抗日，卻因事出倉促被日軍擊敗。走投無路下，一八九九年偷渡到福建廈門。日本政府唯恐簡大獅回臺作對，要求清朝廷交出簡大獅。

7. 規定臺灣銀行的業務範圍為：
(1)融通工商業及公共事業之資金。
(2)開發臺灣富源。
(3)擴展營業範圍至南中國地區及南洋諸島，以為其商業貿易之金融調和機關。
(4)疏通臺灣金融，使不受高利貸之苦，使臺灣經濟獨立。
(5)勸誘日本人至臺投資。
(6)整頓幣制。

8. 因東本願寺二位住持高松與片貝被居民看到先行搬出私人物品，然後才發生火災，故判定是日本人自行縱火。

9. 愛久澤直哉是日本兵庫縣人。東京帝大畢業後，入三菱會社，一八九〇年轉任總督府專賣局囑託（雇員）。因整理石油空罐使專賣局年增二萬日圓收入，獲後藤新平賞識，奉命前往新加坡等地調查鴉片原料及吸食等問題。

10. 三五公司命名的由來，一說是成立於明治三十五年，二說是愛久澤直哉當年三十五歲。

11. 指一九一二年～一九二六年，日本大正年間所推行符合現代民主的政治體制與政策。日本內閣多為政黨政治的互動，內政上以民意所趨為主，外交則採取對中國內政不干涉、日蘇友好等策略。

12. 一八九五年五月八日起至一八九七年五月八日止。

13. 一九〇六年旅廈臺籍商人施范其、殷雪圃、莊有才等人最先向日本領事館提出組織臺灣公會的請願，但領事館認為當時在廈門的臺灣籍民只有二百多戶，且多為假冒籍民；又認為組織臺灣公會只是為了受日本領事館保護，以抗拒中國官吏之徵稅，目的過於功利，不予同意；隔年新任領事到職後，將章程修改後才同意。可見此臺灣公會是在日本領事館操縱與監督下組成的。

14. 一九一七年八月由中、日、臺有力人士（日五人、中五人，臺六人）發起設立，當時備忘錄所訂之宗旨為「博愛公眾」，實際上另有真正目的——拉攏當地有力親日分子。

大事記

1895 ■日本開始統治臺灣

1896 ■第二任臺灣總督桂太郎提出「北守南進政策」，日本在廈門鼓浪嶼設立領事館

1897 ■三月，通過《臺灣銀行法》

1898 ■四月，日本與清朝廷簽訂《福建省不割讓條約》

1899 ■成立臺灣銀行，具有殖民地中央銀行性質，同時兼具支援對岸政策的金融事業之使命；成立廈門東亞書院
第四任臺灣總督兒玉源太郎發表《有關臺灣過去及將來之備忘錄》

1900 ■一月，成立「對岸事務掛」
廈門事件

1902 ■英日同盟成立
臺灣總督府以三五公司為代表進行對岸經營

1907 ■臺灣公會成立

1908 ■創辦福州東瀛學堂

1910 ■設置旭瀛書院

1911－1926 ■大正時期的南支南洋政策，以學校、醫院、新聞的經營為中心

1917 ■廈門博愛會成立

1918 ■三月，廈門博愛會醫院開業，創辦《閩報》

1919 ■創辦《全閩新日報》

1936 ■創設臺灣拓殖株式會社

徵引書目

壹 專書

1.王致仁等編輯，《高雄醫療史》，高雄，高雄市醫師公會，一九九八年。
2.呂理州，《明治維新——日本邁向現代化的歷程》，臺北，遠流出版社，一九九四年。
3.呂紹理，《水螺響起——日治時期臺灣社會的生活作息》，臺北，遠流出版社，一九九八年三月。
4.李仙得(Charles W. Le Gendre)原著，黃怡譯，《南臺灣踏查手記》，臺北，前衛出版社，二〇一二年十一月。
5.李清潭，《一八七四年沈葆楨的變革管理》，高雄，國立中山大學出版社，二〇一〇年十一月。
6.李理，《日據臺灣時期員警制度研究》，臺北，海峽出版社，二〇〇七年十二月。
7.杜聰明，《中西醫學史略》，高雄，高雄醫學院，一九五九年十月十六日。
8.余鳳高，《瘟疫的文化史》，香港，中華書局（香港），二〇〇四年六月。
9.林滿紅，《茶、糖、樟腦業與晚清臺灣》，臺灣研究叢刊第一一五種，臺北，臺灣銀行經濟研究室，一九七八年五月。

10. 林滿紅，《茶、糖、樟腦業與臺灣之社會經濟變遷（一八六〇至一八九五）》，臺北，聯經出版社，一九九八年一月，初版第二刷。
11. 林呈蓉，《牡丹社事件的真相》，臺北，博揚文化公司，二〇〇六年四月。
12. 河出圖社策畫，《古地圖臺北散步——一八九五年清代臺北古城》，臺北，果實出版，二〇〇四年十月。
13. 吳密察監修，遠流臺灣館編著，《臺灣史小事典》，臺北，遠流出版社，二〇一二年九月十五日，四版十二刷。
14. 吳文星，《日據時期臺灣社會領導階層之研究》，臺北，正中書局，一九九二年。
15. 卓意雯，《清代臺灣婦女的生活》，臺北市，自立晚報出版，一九九三年五月。
16. 周瓊，《清代雲南瘴氣與生態變遷研究》，北京，中國社會科學出版社，二〇〇七年七月。
17. 查爾斯・曼恩(Charles C. Mann)著，黃煜文譯，《一四九三：物種大交換丈量的世界史》(*1493: Uncovering the New World Columbus Created*)，臺北，衛城出版社，二〇一三年七月。
18. 柯基生，《金蓮小腳——千年纏足與中國性文化》，臺北，獨立作家，二〇一三年九月。
19. 姚永森，《劉銘傳傳——首任臺灣巡撫》，北京，時事出版社出版，一九八五年九月，第一版。

20. 唐晉，《大國崛起》，北京，人民出版社，二〇〇六年十二月。
21. 馬偕(George Leslie Mackay)著，周學普譯，《臺灣六記》，臺灣研究叢刊第六十九種，臺灣銀行經濟研究室編，一九六〇年一月。
22. 倪贊元輯，《雲林縣采訪冊》第二冊，臺北，成文出版社，一九九三年三月，臺一版。
23. 徐逸鴻，《圖說清代臺北城》，臺北，貓頭鷹出版，二〇一一年九月。
24. 連秀美，《蚊子博士連日清：抗瘧大師的傳奇一生》，臺北，遠流出版社，二〇一二年十月十日，初版四刷。
25. 高彥頤著，苗延威譯，《纏足：「金蓮崇拜」盛極而衰的演變》，新北市，左岸文化，二〇〇七年六月。
26. 連橫，《臺灣通史》卷三十一，〈吳鳳列傳〉，臺北，眾文圖書公司，頁八九九至九〇〇。
27. 許介麟，《近代日本論》，日本文摘書選十二，臺北，日本文摘雜誌社，一九八七年五月。
28. 梁華璜，《臺灣總督府的「對岸」政策研究——日據時代臺閩關係史》，新北市，稻鄉出版社，二〇〇五年十月，初版二刷。
29. 莊永明，《臺灣醫療史——以臺大醫院為主軸》，臺北，遠流出版社，一九九八年。

30.莊永明，《臺灣百人傳》（一），臺北，時報文化，二〇〇〇年五月二十二日。
31.莊永明，《臺灣百人傳》（二），臺北，時報文化，二〇〇〇年五月二十二日。
32.莊永明，《臺灣百人傳》（三），臺北，時報文化，二〇〇一年三月一日。
33.麥克尼爾(William H. McNeill)著，楊玉齡譯，《瘟疫與人——傳染病對人類歷史的衝擊》(***Plagues and Peoples***)，臺北，天下遠見出版公司，一九九八年。
34.陳勝崑，《醫學•心理•民俗》，臺北，橘井文化，一九九二年二月。
35.黃俊銘，《總督府物語：臺灣總督府暨官邸的故事》臺灣百科（一），新北市，向日葵文化出版，二〇〇四年六月。
36.張世賢，《晚清治臺政策》，臺北，私立東吳大學中國學術著作獎助委員會出版，一九七八年六月。
37.張深切，《張深切全集》卷一，《里程碑》（又名《黑色的太陽》）上，臺北，文經出版社，一九九八年。
38.賈德•戴蒙(Jared Diamond)著，劉還月、廖月娟譯，《槍炮、病菌與鋼鐵——人類社會的命運》(***Guns, germs, and steel: thefates of human societies***)，臺北，時報文化，一九九八年。
39.愛德華・豪士(Edward H. House)原著，陳政三譯著，《征臺紀事——牡丹社事件始末》(***The Japanese expedition to Formosa***)，臺北，臺灣書房，二〇一一年十二月，初版二刷。

40. 經典雜誌社編著，《臺灣醫療四百年》，臺北，經典雜誌出版，二〇〇六年五月。

41. 劉明修（伊藤潔）著，李明峻譯，《臺灣統治與鴉片問題》，臺北，前衛出版社，二〇〇八年八月。

42. 劉家謀著，連雅堂校，《海音詩》，臺灣銀行經濟研究所編，《臺灣雜詠合刻》，臺北，臺灣銀行經濟研究室，一九五八年十月。

43. 端木賜香，《那一次，我們挨打了——中英第一次鴉片戰爭全景解讀》，中國山西太原市，山西人民出版社，二〇〇七年十二月，第一版第一次印刷。

44. 戴寶村，《清季淡水開港之研究》，臺北，國立臺灣師範大學歷史研究所專刊（十一），國立臺灣師範大學歷史研究所，一九八四年六月。

45. 戴寶村，《帝國的入侵——牡丹社事件》，臺北，自立晚報社文化出版部，一九九三年三月。

46. 謝國興，《官逼民反——清代臺灣三大民變》，臺北，自立晚報社文化出版部，一九九三年。

47. Jeanette Farrell 著，姚念祖譯，《看不見的敵人》(*Invisible enemies: stories of infectious disease*)，臺北，遠哲基金會出版，二〇〇三年十二月。

貳 論文（期刊、論文集）

1.丁崑健，〈日治時期漢醫政策初探——醫生資格檢定考試〉，《生活科學學報》第十三期，新北市，國立空中大學生活科學系，二〇〇九年，頁八三至一一〇。

2.王學新，〈南進政策下的籍民教育（一八九五至一九三七）〉，《國史館學術集刊》第十四期，臺北，國史館，二〇〇七年十二月，頁九七至一三一。

3.王世慶，〈日據初期臺灣之降筆會與戒煙運動〉，《臺灣文獻》第三十七卷第四期，臺中，臺灣省文獻會，一九八六年十二月三十一日，頁一一一至一五一。

4.李騰嶽，〈鴉片在臺灣與降筆會的解煙運動——反抗日本鴉片政策的一民族表現〉，《文獻專刊》第四卷第三、四期，臺灣省文獻委員會，一九五三年十二月二十七日出版，頁十五至十八。

5.李恩涵，〈同治、光緒年間（一八七〇至一八八五）湘、淮軍間的衝突與合作〉，《近代史研究所集刊》第九期，臺北，中央研究院近代史研究所，一九八〇年七月，頁三二一至三四六。

6.李毓嵐，〈日治時期臺灣傳統文人的女性觀〉，《臺灣史研究》第十六卷第一期，臺北，中央研究院臺灣史研究所，二〇〇九年三月，頁八七至一二九。

7.宋光宇，〈扳逆與勳爵——先天道在清朝與與日據時代臺灣不同的際遇〉，《歷史月刊》第七十四期，臺北，歷史月刊雜誌社，一九九四年三月，頁五六。

8.李捷金，〈臺灣早期的西醫（尋根篇）〉，《臺灣醫界》二十三卷第一至三期，臺灣，中華民國醫師公會全國聯合會，一九八〇年一月至三月，頁二七至三〇，頁四七至五〇，頁五四至五八。

9.何義麟，〈臺灣人的歷史意識——「御用紳士」辜顯榮與「抗日英雄」廖添丁〉，《跨界的臺灣史研究——與東亞史的交錯》，臺北，播種者文化，頁一八九至一九八。

10.林子候，〈牡丹社之役及其影響——同治十三年日軍侵臺始末〉，《臺灣文獻》第二十七卷第三期，臺中，臺灣省文獻會，一九七六年九月，頁三三至五八。

11.林秋敏，〈從不纏足運動談女性自覺的萌芽〉，《歷史月刊》第一三五期，臺北，歷史月刊雜誌社，一九九九年四月五日，頁五九至六四。

12.吳文星，〈倡風氣之先的中醫——黃玉階（一八五〇至一九一八）〉，張炎憲、李筱峯、莊永明編，《臺灣近代名人誌》第一冊，臺北，自立晚報，一九八七年元月，頁四五至五五。

13.苗延威，〈從視覺科技看清末纏足〉，《中央研究院近代史所集刊》第五十五期，臺北，中央研究院近代史研究所，二〇〇七年三月，頁一至四五。

14.范燕秋，〈臺北更生院與醫療解煙（一九三〇至一九四六）——一項社會衛生事業的分析〉，《北臺灣鄉土文化學術研討會論文集》，臺北，國立政治大學歷史學系，二〇〇〇年十月，頁三八五至四二五。

15.范燕秋，〈跨時代的臺灣醫學之父——杜聰明〉，《什麼人物，為何重要——臺灣史上重要人物系列（二）》，臺北，國立歷史博物館，二〇一一年九月，頁一二四至一三三。

16.高島航，〈天足會與不纏足會〉，李喜所主編，《梁啟超與近代中國社會文化》，中國天津，天津古籍出版社，二〇〇五年一月，頁五八一至六〇〇。

17.翁佳音，〈吳鳳傳說沿革考〉，《異論臺灣史》，臺北，稻鄉出版社，二〇〇一年二月，初版一刷，頁二二七至二四七。

18.許玉河，〈日治時期澎湖鸞堂的戒煙運動〉，《澎湖研究——第四屆學術研討會論文輯》，澎湖，澎湖縣政府，二〇〇四年，頁四六至六八。

19.許宏彬，〈誰的杜聰明？從科學家的自我書寫出發〉，《臺灣社會研究季刊》第五十四期，二〇〇四年六月，頁一四九至一七六。

20.許宏彬，〈從阿片君子到矯正樣本：阿片吸食者、更生院與杜聰明〉，《科技、醫療與社會》第三期，二〇〇五年九月，頁一一三至一七四。

21.許宏彬，〈剖析阿片：在地滋味、科技實作與日治初期臺灣阿片專賣〉，《科技、醫療與社會》第八期，二〇〇九年四月，頁七七至一二〇。

22.許雪姬，〈福建臺灣建省的研究——由建省到分治〉，臺北，國立政治大學歷史學報第三期，一九八五年三月出版，頁一九三至二四二。

23. 許雪姬，〈二劉之爭與晚清臺灣政局〉，《近代史研究所集刊》第十四期，臺北，中央研究院近代史研究所，一九八五年六月，頁一二七至一六一。

24. 許雪姬，〈岑毓英來臺背景及其理臺措施之研究〉，《臺北市耆老會談專集》，臺北市文獻委員會編印，一九八〇年二月，頁三〇九至三四三。

25. 陳文添，〈「廈門事件」的省思〉，臺灣文獻委員會編印，《臺灣文獻史料整理研究學術研討會論文集》，二〇〇〇年十一月，頁二五七至三〇二。

26. 陳其南，〈歷史的斷層與摺曲——吳鳳、連橫和日本人〉，《文化、結構與神話——文化的軌跡》（上冊），臺北，允晨文化，一九九一年十一月，七版，頁一二九至一三一。

27. 陳昭瑛，〈《臺灣通史•吳鳳列傳》中的儒家思想〉，《臺灣儒學：起源、發展與轉化》，臺北，國立臺灣大學出版中心，二〇〇八年四月，頁一六三至一九二。

28. 陳勝崑，〈「瘴」氣的真相〉，《健康世界》第四十一期，臺北，健康世界雜誌社，一九七九年五月一日，頁一〇六至一一〇。

29. 陳順勝，〈日據前的西方醫療及其對臺灣醫學之影響〉，《科技博物》第六卷第四期，高雄，國立科學工藝博物館，二〇〇二年六月，頁五九至八六。

30. 黃得時，〈城內的沿革和臺北城——古往今來話臺北（五）〉，《臺北文物》第二卷第四期，臺北市文獻委員會，一九五四年一月，頁十七至三四。

31. 鈴木哲造，〈日治初年臺灣衛生政策之展開——以「公醫報告」之分析為中心〉，《臺灣師大歷史學報》第三十七期，臺北，臺灣師範大學歷史系，二〇〇七年九月，頁一四三至一八〇。

32. 曾華璧，〈釋析十七世紀荷蘭據臺時期的環境探索與自然資源的利用〉，《臺灣史研究》第十八卷第一期，臺北，中央研究院臺灣史研究所，二〇一一年三月，頁一至三九。

33. 張文，〈地域偏見與族群歧視：中國古代瘴氣與瘴病的文化學解讀〉，《民族研究》二〇〇五年第三期，北京，中國社會科學出版社，二〇〇五年五月，頁六八至七七。

34. 張世賢，〈吳贊誠治臺政績〉，《臺灣文獻》第廿七卷第四期，臺中，臺灣省文獻會，一九七六年，頁九六至一〇二。

35. 張炎憲，〈蔣渭水的政治運動與路線〉，《什麼人物，為何重要——臺灣史上重要人物系列（二）》，臺北，國立歷史博物館，二〇一一年九月，頁一〇八至頁一二一。

36. 張隆志，〈臺灣近代史上的後藤新平——歷史、神話與政治〉，《什麼人物，為何重要——臺灣史上重要人物系列（二）》，臺北，國立歷史博物館，二〇一一年九月，頁三八至五一。

37. 張軻風，〈從「障」到「瘴」：「瘴氣」說生成的地理空間基礎〉，《中國歷史地理論叢》第二十四卷第二輯，陝西師範大學中國歷史地理論叢編輯部，二〇〇九年四月，頁一三五至一四三。

38. 溫浩邦，〈「吳鳳傳說」、歷史心性與文化人類學〉，《跨界的臺灣史研究——與東亞史的交錯》，臺北，播種者文化，頁三八七至四一三。

39. 鄭志明，〈臺灣民間鸞堂儒宗神教的宗教體系初探〉，《臺北文獻》直字第六十八期，一九八四年六月，頁七九至一三〇。

40. 鄭政誠，〈日治時期臺灣的國策會社——三五公司華南事業經營之研究〉，《臺灣人文》第四號，臺北，國立臺灣師範大學人文教育研究中心，二〇〇〇年六月，頁一五七至一八四。

41. 鄭淑蓮，〈日治初期臺灣醫師養成教育之研究——以劉榮春為例〉，臺中，《弘光人文社會學報》第十一期，二〇〇九年十一月，頁十五至三四。

42. 蔡學海，〈李鴻章與中日臺灣番社事件交涉〉，《臺灣文獻》第二十四卷第三期，臺中，臺灣省文獻會，一九七三年六月，頁十四至二九。

43. 劉士永，〈杜聰明對臺灣藥物戒癮治療的貢獻〉，《二十世紀臺灣歷史與人物：第六屆中華民國史專題論文集》，中華民國史專題第六屆討論會秘書處編，臺北，國史館，二〇〇二年，頁三九一至四三一。

44. 劉士永，〈「清潔」、「衛生」與「保健」——日治時期臺灣社會公共衛生觀念之轉變〉，《臺灣史研究》第八卷第一期，臺北，中央研究院臺灣史研究院籌備處，二〇〇一年十月，頁四一至八八。

45. 劉翠溶、劉士永，〈臺灣歷史上的疾病與死亡〉，《臺灣史研究》第四卷第二期，臺北，中央研究院臺灣史研究院籌備處，一八九九年六月，頁八九至一三二。
46. 鍾淑敏，〈臺灣總督府的對岸政策與鴉片問題〉，臺灣文獻委員會編印，《臺灣文獻史料整理研究學術研討會論文集》，二〇〇〇年十一月，頁二二三至二五四。
47. 薛化元，〈吳鳳史事探析及評價〉，《臺灣風物》三十二期，新北市，臺灣風物雜誌社，一九八二年，頁六五至八一。
48. 簡炯仁，〈「臺灣是瘴癘之地」——一個漢人的觀點〉，《臺灣風物》四十六卷第四期，新北市，臺灣風物雜誌社，一九九六年十二月，頁二一至五二。
49. 簡炯仁，〈臺灣先民因應瘴癘研究〉，《高苑學報》第六卷第一期，高雄，高苑工商專科學校，一九九七年八月，頁四八七至五〇四。

參

學位論文

1. 丁文惠，〈臺灣日治時期瘧疾防治研究〉，臺南，國立成功大學歷史研究所碩士論文，二〇〇七年三月。
2. 中西美貴，〈挪用現代——大正時期臺灣人民的不同殖民地經驗〉，臺北，國立臺灣大學歷史研究所碩士論文，二〇〇二年。

3.方彥臻，〈杜聰明與臺灣醫學發展之研究〉，臺北，臺北市立教育大學社會科教育研究所碩士論文，二〇〇六年六月。

4.何義麟，〈皇民化政策之研究——日據時代末期日本對臺灣的教育政策與教化運動〉，臺北，中國文化大學日本研究所碩士論文，一九八六年六月。

5.李毓嵐，〈世變與時變：日治時期臺灣傳統文人的肆應〉，臺北，國立臺灣師範大學歷史研究所博士論文，二〇〇八年七月。

6.李幸真，〈日治初期臺灣警政的創建與員警的召訓（一八九八至一九〇六）〉，臺北，國立臺灣大學歷史研究所碩士論文，二〇〇九年。

7.邵碩芳，〈獵首、儀式與族群關係：以阿里山鄒族 Mayasvi 為例〉，臺東，國立臺東大學南島文化研究所碩士論文，二〇〇八年一月。

8.周春燕，〈女體與國族：強國強種與近代中國的婦女衛生（一八九五至一九四九）〉，臺北，國立政治大學歷史研究所博士論文，二〇〇八年六月。

9.岡部三智雄，〈日本治臺前來臺日人之研究（一八七四至一八九五）〉，臺北，國立臺灣師範大學臺灣史研究所碩士論文，二〇一一年六月。

10.城戶康城，〈日據時期臺灣鴉片問題之探討〉，臺中，東海大學歷史研究所碩士論文，一九九二年六月。

11. 陳進盛，〈日據時期臺灣鴉片漸禁政策之研究（一八九五至一九三〇）〉，臺北，國立臺灣大學政治學研究所碩士論文，一九八八年五月。
12. 陳廣文，〈臺北府城興築與拆除之研究〉，新北市，淡江大學歷史系碩士班碩士論文，二〇〇九年六月。
13. 陳麗如，〈日治時期理番政策與阿里山鄒族社會〉，臺中，東海大學歷史研究所碩士論文，二〇〇二年六月。
14. 陳翼漢，〈歷史事件、意義與史蹟之探討：以臺灣事件及琉球藩民墓為例〉，雲林，國立雲林科技大學文化資產維護研究所碩士論文，二〇〇三年二月。
15. 許宏彬，〈臺灣的鴉片想像：從舊慣的阿片君子，到更生院的矯正樣本〉，新竹，國立清華大學歷史研究所碩士論文，二〇〇一年。
16. 郭志君，〈劉璈與劉銘傳在臺施政之研究〉，臺南，國立成功大學歷史研究所碩士論文，一九九六年六月。
17. 黃宏文，〈吳鳳和廖添丁傳說之人物形象比較研究〉，臺中，國立中興大學臺灣文學研究所碩士論文，二〇一〇年六月。
18. 黃佐君，〈檳榔與臺灣社會〉，桃園，國立中央大學歷史研究所碩士論文，二〇〇六年。
19. 張勝彥，〈臺灣建省之研究〉，臺北，國立臺灣大學歷史研究所碩士論文，一九七二年。

20.張富偉，〈臺灣烏龍茶產業文化研究〉，臺南，國立臺南大學臺灣文化研究所碩士論文，二〇〇八年七月。
21.張旭宜，〈臺灣原住民出草慣習與總督府的理番政策〉，臺北，國立臺灣大學歷史學研究所碩士論文，一九九五年六月。
22.張淑雯，〈日治時期臺灣解纏足運動之研究〉，雲林，國立雲林科技大學文化資產維護研究所碩士論文，二〇〇八年六月。
23.溫浩邦，〈歷史的流變與多聲義人吳鳳與莎韻之鐘的人類學分析〉，臺北，國立臺灣大學人類學研究所碩士論文，一九九六年。
24.溫振華，〈二十世紀初之臺北都市化〉，臺北，國立臺灣師範大學歷史研究所博士論文，一九八六年七月。
25.詹雅築，〈醫學教育與殖民社會：由臺灣總督府醫學校的出現談起〉，臺北，臺北醫學大學醫學人文所碩士論文，二〇〇七年七月。
26.廖怡超，〈日治初期臺灣「斷髮」運動研究——以《臺灣日日新報》為主要範圍〉，臺中，國立中興大學臺灣文學所碩士論文，二〇〇九年七月。
27.蔡義南，〈沈葆楨閩撫駐臺政策之研究〉，臺南，國立成功大學歷史研究所在職專班碩士論文，二〇〇九年五月。
28.蔡依伶，〈從解纏足到自由戀愛：日治時期傳統文人與知識分子的性別對話〉，臺北，國立臺北教育大學臺灣文學研究所碩士論文，二〇〇七年七月。

29.蔣淑如，〈清代臺灣的檳榔文化〉，臺中，東海大學歷史研究所碩士論文，二〇〇二年。
30.劉德聰，〈從歷史到小說——廖添丁故事研究〉，嘉義，國立中正大學中國文學研究所碩士論文，二〇一〇年五月。
31.鍾淑敏，〈日據初期臺灣總督府統治權的確立（一八九五至一九〇六）〉，臺北，國立臺灣大學歷史研究所碩士論文，一九八九年五月。
32.謝維倫，〈以圖觀史——晚清臺灣方志地圖與涉外事件〉，臺北，國立臺灣師範大學臺灣史研究所碩士論文，二〇一二年一月。
33.蕭彣卉，〈病人與犯人：臺灣百年來吸毒者的軌跡〉，臺北，國立臺灣大學法律研究所碩士論文，二〇〇七年六月。
34.蘇芳玉，〈清末洋人在臺醫療史——以長老教會、海關為中心〉，桃園，國立中央大學歷史研究所碩士論文，二〇〇二年六月。

肆

研討會論文、報章雜誌及網路文章

1.官鴻志，〈一座神像的崩解：民眾史的吳鳳論〉，《人間》第二十二期，一九八七年八月。
2.陳其南，〈一則捏造的神話——吳鳳〉，《民生報》七版，一九八〇年七月二十八日。

3. 陳龍廷，〈纏足．辮子：日治時代臺灣人身體的知識與監視〉，《二〇一三古典文獻與民俗藝術學術研討會》，新北市三峽，國立臺北大學古典文獻與民俗藝術研究所主辦，國立臺北大學人文學院協辦，二〇一三年五月十八日。http://www.cdfa.ntpu.edu.tw/act/super_pages.php?ID=teach4（二〇一三年九月一日瀏覽）
4. 郭侑欣，〈瘴癘與魑魅之島——清初臺灣詩歌中的文學地景〉，發表於蕪土吾民：二〇一二年文化研究會議，臺北，國立臺灣大學霖澤館中型教室一四〇三，二〇一二年一月七日。http://www.csat.org.tw/paper/D-3-3_%E9%83%AD%E4%BE%91%E6%AC%A3.pdf（二〇一三年八月二十八日瀏覽）
5. 張安琪，〈殖民地臺灣的文化統治：以纏足習慣為例〉。http://www.digital.ntu.edu.tw/workshop/ppt/%E6%AE%96%E6%B0%91%E5%9C%B0%E9%A2%A8%E4%BF%97%E7%AE%A1%E7%90%86.pdf（二〇一三年六月十二日瀏覽）
6. 《義俠？或盜匪？——廖添丁去世一百週年學術研討會》會議手冊，主辦單位：國立中央圖書館臺灣分館、國立臺灣師範大學臺灣史研究所、國立臺灣師範大學歷史系、臺北市立教育大學歷史與地理學系，協辦單位：國立臺灣師範大學文學院／人文祭。二〇〇九年十一月十八日。
7. 〈從櫟社、文化協會到文化城：櫟社——文明開化創新局〉，《走讀臺灣》。http://www.walkingtaiwan.org/content/county/city_poi.asp?bid=15&jid（二〇一三年十月七日瀏覽）

8. 黃清琦，〈牡丹社事件的地圖史料與空間探索〉（上）（中）（下），《原住民族文獻》二〇一三年四月八期，臺北，行政院原住民委員會，原住民文獻會網站。http://117.56.4.240/Journals01Catalog.php?id=615（二〇一三年十一月九日瀏覽）

9. 駱芬美、朱瑞月、張斐怡，〈通識歷史課程實施協同教學現場——以「中國纏足文化」單元為例〉，二〇〇八年銘傳大學通識教育研討會（通識教育核心課程的規劃與發展），二〇〇八年三月十四日。

10. 駱芬美，〈臺灣歷史上的檳榔——臺灣開發與轉型課程單元〉，二〇一一年銘傳大學通識教育學習成果導向教學與學習評量學術研討會，二〇一一年十月二十一日。

11. 駱芬美，〈臺灣歷史上的鴉片問題——臺灣開發與轉型課程單元〉，銘傳大學二〇一三年國際學術研討會（通識教育組：通識教育的理念與實踐），二〇一三年三月十五日。

12. 鍾淑敏，〈南方進行曲：日治時期臺灣總督府的南進政策〉，收入《臺灣學系列講座專輯（五）》。http://www.ntl.edu.tw/public/Attachment/31913143284.pdf（二〇一三年十二月二日瀏覽）

13. 王學新，〈臺灣總督府的對岸政策與黑幫籍民之關係〉，《海峽兩岸臺灣史學術研討會論文》，頁二八三至二九二。

HISTORY系列 002

被混淆的臺灣史——1861～1949之史實不等於事實

作　者—駱芬美
攝　影—蔡坤洲
主　編—顏少鵬
責任編輯—邱憶伶
責任企劃—葉蘭芳
美術設計—我我設計工作室 wowo.design@gmail.com

總 編 輯—李采洪
董 事 長—趙政岷
出 版 者—時報文化出版企業股份有限公司
一〇八〇一九臺北市和平西路三段二四〇號三樓
發行專線—（〇二）二三〇六—六八四二
讀者服務專線—〇八〇〇二三一七〇五．（〇二）二三〇四—七一〇三
讀者服務傳真—（〇二）二三〇四—六八五八
郵撥—一九三四四七二四時報文化出版公司
信箱—一〇八九九臺北華江橋郵局第九九信箱

時報悅讀網—http://www.readingtimes.com.tw
電子郵件信箱—newstudy@readingtimes.com.tw
時報出版愛讀者粉絲團—http://www.facebook.com/readingtimes.2
法律顧問—理律法律事務所陳長文律師、李念祖律師
印　　刷—華展印刷有限公司
初版一刷—二〇一四年一月十七日
初版十四刷—二〇二一年五月三十一日
定　　價—新臺幣三八〇元

時報文化出版公司成立於一九七五年，
並於一九九九年股票上櫃公開發行，於二〇〇八年脫離中時集團非屬旺中，
以「尊重智慧與創意的文化事業」為信念。

被混淆的臺灣史：1861～1949之史實不等於事實／駱芬美 著.
--初版. --臺北市：時報文化，2014.01
面；　公分. --（HISTORY系列；2）
ISBN 978-957-13-5886-4（平裝）
1.臺灣史
733.21　　　　102027349

ISBN：978-957-13-5886-4

Printed in Taiwan

紀念1885年
殉職於澎湖馬公的法國海軍
將士們！
MARINS
FRANÇAIS
DÉCÉDÉS
MAKUNG